目にやさしい
大活字

新版

「できない人」の育て方 辞めさせ方

谷所健一郎 著

C&R研究所

■志向・行動特性検査シートのデータについて

● 本書をご購入いただいた読者の方の特典として、志向・行動特性検査シートのデータファイルを、C&R研究所のホームページ(http://www.c-r.com)からダウンロードすることができます。ダウンロード方法については、236ページを参照してください。
● データはWord文書(拡張子「.doc」)とExcelブック(拡張子「.xls」)になっています。Windows版のWord2000以降、Excel2000以降にて動作を確認しています。それ以前のバージョンでご使用になる場合や、ご使用のパソコンの環境によっては、レイアウトなどが乱れることがあります。あらかじめ、ご了承ください。
● データの動作などについては、著者・編集者が慎重に確認しております。ただし、データの運用結果にまつわるあらゆる損害・障害につきましては、責任を負いませんのであらかじめご了承ください。
● データの著作権は、著者及びC&R研究所が所有します。許可なく配布・販売することは堅く禁止します。

はじめに

いくら社員を採用しても、自社で貢献できる人材にならなければ会社にとっては何のメリットもない。「よい人材が採用できない」という理由で、「できない社員」を仕方なく使っていては、会社は衰退していくだけである。大卒採用の新入社員の3割が3年足らずで辞めていく。高卒採用では5割の社員が辞めてしまう。この厳しい現実を前にして「よい人材が採れない」と諦めていては、活気のある組織はいつまでたっても構築できない。

今いる社員を活用するためには、自社で育てなければならない。優秀な人材が採用できても、定着しなければ採用に伴う経費と時間がムダになるだけだ。多くの経営者や人事担当者は、採用後は配属部署の上司に任せるだけで、育てる気持ちが希薄になる。彼らは、優秀な人材を採用する以上に「できる社員」に育てることが大切であることを理解していない。

育てることに目を向けずに採用した社員を放置しておくと、会社にとってお荷物となる「できない人」になるか、成長できる会社を求めて転職をしてしまう。社員を育てるためには、モチベーションとスキルを高める仕組みが必要になる。

しかし、残念なことにいくら会社が社員を育てようと最大限の努力をしても、応えてくれない／応えられない社員もいる。このような人材は、会社にとって必要がないと判断せざるを得ず、辞めてもらわなければならない。辞めてもらうことを躊躇していると、頑張っている社員に対しても悪影響を及ぼすし、対象となる社員にとっても、このまま勤めていることは不幸なことのはずである。

本書では、右のような状況を考えて、次の2点に重点を置いて記述している。

(1) 社員のモチベーションとスキルを高めていくためにすべきこと
(2)「できない社員」に円満に辞めてもらうために気をつけること

(1)については、具体的に実践できる内容を多く盛り込むことを心がけた。経費もかからずすぐに取り組めるはずだ。(2)については気持ちの重い問題ではあるが、これまでの経験をもとにできるだけ具体的に書いたつもりである。

会社は人で成り立っている。技術が進歩し素晴らしいシステムが構築されても、できる人材が育たない会社に明日はない。社員が能力を充分発揮し、いきいきと働ける環境を作るためにも、ぜひ本書を活用してほしい。

二〇〇八年十月

谷所健一郎

CONTENTS
目次

第2章 「できない上司」のタイプとその対応策

第3章 「できない人」を「できる人」に変えるモチベーションアップ術

第4章 「できない人」を「できる人」に育てるスキルアップ術

第5章 「できる人」を辞めさせないようにするには？

第6章 「できない人」を辞めさせるには？

付 録

序章

「できない人」を採った責任は誰にある？

採用後の社員の動向に無頓着になってはならない

経営者や人事は、ひとりでも優秀な人材を確保するために、必死に努力をしている。人材が会社の財産だと考えれば、優秀な人材をひとりでも多く入社させることができれば、会社の繁栄が約束されるのだ。

入社前に何度も面接や適性検査、筆記試験を行い、「できる人」だと確信して採用しても、配属後、現場から「今度の新入社員は使えない！」と嘆く言葉が耳に届く。採用に携わった人ならば、何度か経験があるだろう。

最近では、年間を通じて新卒採用や中途採用が行われている。忙しさを理由に新入社員の採用後の動向に無頓着になってはいないだろうか？

採用した「人材」を「人財」として活かさなければ、採用経費だけが膨らんでしまう。社員の定着率が悪ければ、退職者の補充を行うだけの、発展性のない人事戦略となってしまう。「今度の新入社員は使えない！」という言葉を、人事だけでなく採用に携わった経営者がどれだけ真剣に受け止めているか疑問を持つ。

「使えない」という現場の声だけを鵜呑みにして、「入社前は優秀だったのに……」といいわけをしながら、また新たに採用すればいいと、安易に納得していないだろうか？

会社において「できる人」「できない人」の違いは、実はそれほど大きなものではない。「できる人」が育たない原因は、会社側に問題があるケースも多いのである。新卒新入社員は社会人として大きな期待に胸を膨らませ、転職者は今までの経験を活かして心機一転頑張ろうと、意気揚々と入社日を迎えるだろう。それなのに、入社3日目にして「自分の選択が間違っていたのでは？」と疑問を持ち意欲を失い辞めていく。採用に携わった人間は、自社に定着しない本質を探り、改善策をすぐに講じる必要がある。

人事や経営者は「できない人」を「できる人」として育てるために尽力しなくてはならない。それが責務である。しかし、それでも育たない**「できない人」に対して、責任を持って辞めさせることも、採用に携わった人間の責任なのだ。**「できない人」を採用した責任を重く受け止めなければならない。

「必要とされている」という意識付けが「できる人」を生む

社員が退職したいと考える理由は、人それぞれ異なるが、多くは自社において自分を必要のない人材だと認識したときである。**社員がその会社で自ら「働く」理由は、自社における自分の存在価値を見い出せるか否かだと言っても**過言ではない。たとえば新入社員がやる気を持って入社しても、周囲の社員がその新人に心を開かず、仲間として受け入れなければ、せっかく入った新人はすぐに辞めたくなり、転職という言葉が頭をよぎる。

「できる人」を採用しても、社内で「できる人」になるかは別の問題である。優秀な人材であっても、その人の能力を活かせる仕事を与えなければ、けして「できる人」にはならない。

伸びる会社では、新入社員が入社すると、既存社員はその人物を評論するのではなく、徹底的によいところ見つけようとする。そして仲間として受け入れ、自分たちの仕事をよりよくするための戦力として活用しようと考える。

社員の定着率が悪い会社は、労働条件や環境の問題だけではなく、新入社員を受け入れる既存社員の姿勢が間違っていることも多い。社員にとって、自分がこの会社で必要とされていないと感じることほど酷なことはない。いつまでたってもお客様のように扱われ、本音でコミュニケーションができない状況では、いくら「できる人」であっても長く勤めようとは思わないだろう。あなたは「君が必要だ」という熱いたった一言の効果を考えたことがあるだろうか?

自分が「必要とされている」と感じれば、「できない人」でも「できる人」に近づこうと必死に努力をする。「こんなに頑張っているのに、誰も認めてくれない」と感じているときに、上司から「何をやっているんだ!」と怒鳴られれば、自分の存在価値を見出せないのは当然だ。

「できる人」に育てるためには、社内の人間関係を良好に保ち、人を育てる大切さを全社員が共有して持たなければならない。**「自分はこの会社にとって必要な人材なのだ」と認識させることが、「できる人」に育つための基軸**であり、何よりも大切なことなのだ。

COLUMN

会社はみんな「辞めさせ方」で悩んでいる

最近、「社員の育て方 辞めさせ方」に関連したセミナー依頼が増えている。出席者の話を聞くと辞めさせ方で悩んでいる受講者が多い。「職場における人間関係がうまくいかない」「職務能力が劣る」といった理由から、解雇を検討しているという相談をよく受ける。

よくあるパターンが、上層部から予告手当を支払いたくない理由で「懲戒解雇で辞めさせろ」という指示があり、人事担当者が一人で悩みを抱え込んでしまっているというものだ。

そんなときは、そのような懲戒解雇が労働基準法の要件を満たしていないことを説明し、退職勧奨等で対応することをアドバイスすると、受講者のそれまでの険しい表情が和らいでいく。社員を辞めさせることについて、担当者一人で悩んではいけないと、セミナーを通じて改めて実感している。

第1章 「できない人」のタイプとその対応策

「できない人」の定義

会社における「できない人」にはいくつかのパターンがある。相手の気持ちをくみ取ることができない自己中心的な社員は「できない人」の典型だ。スキルが不足している社員は、不足しているスキルを自覚し習得していけば、一定の線まで引き上げることができるが、相手の気持ちをくみ取れない社員を矯正することは難しい。

組織における仕事には、チームワークや協調性が求められる。優秀な人材であっても周囲の協力がなければ成功しない仕事は多い。知能指数（ＩＱ）が高い社員よりも、ＥＱ（Emotional Quotient：心の情動指数）の高い社員がビジネス社会で成功しているが、ＥＱの高い人は周囲を巻き込む人間的な魅力がある。

面接で学歴や職務経歴だけを評価して採用すると、入社後に「こんなはずでは……」と嘆くことがある。能力が高くても周囲の人間と円滑な人間関係を築けず、能力を発揮できないのだ。

会社は、社員を戦力として活用しなければ間違いなく衰退する。そのためには、社員の能力を最大限引き出すための教育・仕組みを構築しなければならない。「できない人」を「できない人」のまま雇用していては、人件費がムダになるだけではなく、周囲の社員のモチベーションを下げてしまう。

「できない人」は、自社の仕事において将来の目標や夢を持たず、惰性で仕事をしている。モチベーションの原動力は、目標や夢に向かって行動することだが、冷めた気持ちで仕事をしている人は、向上心や問題改善意識が希薄だ。

それぞれの業務には適性があり、その業務にどうしても向かない社員も存在する。しかし、多くの業務は本人の努力や修練で「できる人」に変わっていくことが可能だ。**会社は、「できる人」を育てるために最大限の努力をしなければならない。**

「できない人」と決め付けてしまう前に、「できる人」に育てるために何をしたかを考えてみなくてはならないのである。

「共感すること」が、「できない人」を「できる人」に育てる

人を育てる原点は、「相手を認め、共感する」ことだ。できない本質がどこにあるかを見極め、本人の立場になり「できる人」になるための必要なプログラムを構築し、誘導していかなければならない。

「できない人」は根本的に、仕事を「やらされている」と考えている。上司からの指示を気持ちよく受けることができず、嫌々仕事を行っているので、おのずと上司との信頼関係が希薄になる。一方で、上司は部下の態度を察知し、腫れ物に触るように距離を置くようになる。

「できる人」は、仕事を気持ちよく引き受け、納期を守り、コミュニケーションを大切にする。当然、上司からの信頼や支持も多くなり、日々の経験が「できる人」に向けての大きな糧となり、成長していくのだ。

仕事をするうえで覇気を感じさせない人も、入社時は前向きに仕事へ取り組んでいたケースもある。上司は、現状のやる気のなさを見て「あいつはやる

気がない」と一言で片付けてしまうが、上司本人が気づいていない問題があり、それによって部下が傷つき、「できない人」になってしまったケースも多いのである。

「できる人」を育てるためには、本人のモチベーションを高めることが非常に重要だ。そのためには、**上司や人事は、まず相手の立場を考え、共感することが大切だ。**部下の立場になれば、自分のことを理解していない上司や人事に不信感を抱き、やる気は起きない。**部下に共感することで、今まで見えなかった部下のよさに気がつく**こともある。「できる人」を育てるためには、相手の立場になったうえで、指導を行わなければならない。

この章では、できない社員の事例をもとに、「できない人」から「できる人」に変える手法、ポイントについて考えてみよう。各セクションの最後には、「できない人」へどのように対応したらよいかをまとめている。多くのものは第3章と第4章で詳細を解説しているので、実行にあたっては、そちらも参照されたい。

「できない人」のタイプ①

必要のない資格取得に夢中になる

業務に関連性のない資格取得に熱中している人は、会社にとって「できない人」だ。資格取得に生きがいを見つけ、肝心の仕事から目をそむけている可能性が高い。

勉強や学校に通うという理由で、終業と共にすぐに帰宅する人もいる。就業時間に会社にいるのだから問題ないという考え方をもつ社員を抱えていては、他の社員のモチベーションに悪影響を及ぼす。資格取得に熱中する社員のなかには、少しでもよい条件で転職することを視野に入れている者もいる。仕事に関係のない資格をなぜ取得しようとしているのか考えてみよう。**現職の仕事に不安を覚え、資格取得で武装することや、現在の仕事に興味がないという無言のメッセージを送っているの**かもしれない。

自社の業務に対してモチベーションが低い社員に「(資格を取ることを)頑張れ」という激励は、部下を理解しているように聞こえるが、実は部下に何も言えないか、部下の将来を考えていないことの裏返しなのだ。

自社で活かせない資格を取ろうとしている場合は、なぜその資格を取得したいのか確認をしてみてもいい。業務に興味が持てないことをメッセージとして伝えている場合は、責任ある仕事を任せてみることで行動が変わることもある。

また、入社前に税理士、司法書士などの専門的な資格を目指していた社員の動向には気をつけておいたほうがいい。面接時に資格取得を諦め業務に集中すると回答しても、引き続き陰で勉強を続けている場合もある。仕事に支障をきたしている場合は、本人に期待をしていることを告げて、仕事のやり方と進め方に助言をし、本来やるべきことをじっくり説明しよう。

できない人への対応策

- 仕事の意欲ややりがいについて、本人と話をする
- 可能な範囲で、責任ある仕事を任せてみる
- しっかりしたキャリアプランを提示する

「できない人」のタイプ②

終業時刻30分前からそわそわし、すぐに退社する

終業時刻30分前から帰宅の準備を始め、終業時刻と共にすぐにいなくなる人は「できない人」だ。就業時間内の時間を有効に使い、きっちり仕事をこなしているならいいが、仕事が終わらないうちから帰り支度を始めるようでは、一所懸命に仕事をしている社員に対しても悪影響を及ぼす。

早く帰る理由が家庭の事情であれば周囲も納得するが、家庭の事情であればこそ、時間内は精一杯働くはずだ。**30分前から仕事を止め帰宅準備を始める社員は、仕事にやる気がないか、上司や会社への反発心を示している**場合が多い。

組織力とは、集団がまとまってひとつの力を発揮することである。たった一人の「できない人」の行動を認めていては、一人だけの問題に留まらず、組織力が働かなくなってしまう。

上司は、部内、課内の仕事が、社員それぞれ均等に割り当てられているか、

さらに仕事のスピードについて確認をしてみよう。上司が定時に退社することを指摘し、「終業時刻なのだから、なぜ退社してはいけないのですか」と返され、上司が黙ってしまうようでは情けない。

仕事を頼みやすい社員に仕事が集中し、癖のある社員に対して、腫れ物に触るような態度が取られていないかを確認しよう。仕事が均等に割り当てられていて、定時に退社するのであれば、残業している社員の職務能力に問題があるかもしれない。何か不平不満があるのか本人に直接聞いてもかまわないが、本音を言わず不満顔で「何もありません」と回答することが多い。本音を聞きだすには、部下と上司の信頼関係が前提になるので、責める前に日頃からコミュニケーションを取り、部下を褒め、評価するよう心がけよう。

できない人への対応策

- 仕事のミッション(使命)を明確に示す
- 本人の言い分をじっくり「聴き」、対応する
- 仕事を最後まで任せて、仕事の面白さと達成感を与える

「できない人」のタイプ③

仕事の優先順位を理解できない

仕事の納期を守れず、信頼をなくす人は「できない人」だ。彼らの多くは仕事の優先順位をつけられず、いつも「忙しい」と嘆きながら仕事を行い、しかも成果を出せない。

いくら丁寧な仕事をしても、**納期を守るという時間の概念がなければ、いつまでたっても周囲から認められず、「できない人」のレッテルを貼られてしまう。**

仕事は、最初の段取りですべてが決まることもある。仕事の優先順位がつけられないことを本人が自覚していない場合、なぜ上司から注意されるのか理解できず、常に慌しく仕事を行っている。多くの仕事が一度に押し寄せると、何から手をつけていいかわからず、すべてを投げ出し、パニック状態になってしまう場合もある。仕事の優先順位を理解できない人には、仕事の進め方を手取り足取り指導する必要があるが、仕事の全体像を上司しか知らず、上司と部下の間のコミュニケーションが取れていないため、部下が仕事の重要性を認識していないケースもある。

仕事の優先順位を把握していない部下に対して、**上司が仕事の全体像や段取りについて説明しているかチェックをしよう。**納期などの時間の概念は、ビジネス上もっとも重要視されるべき項目だ。スキルや技能に問題があっても、自分から「できない」と言えない人は、いい加減な仕事しかできない。事前に仕事のスケジュールを提出させて、上司は仕事の進め方や進捗状況を把握していなければならない。何度指示をしても、時間通りに仕事を進められなければ、ときには厳しく叱ることも必要だ。

できない人への対応策

- 職務能力をチェックし、不足しているスキルを補う
- 社内研修制度を見直し、実践力を高める
- 部下の仕事の進め方、進捗状況をチェックする

「できない人」のタイプ④

どんなときでも自分を正当化する

自己の間違いを素直に認められない社員は、「できない人」だ。自分の考えが正しいと主張するのは、ときとして必要だが、他人に耳を貸さず常に自分が絶対だと思い込んでいては、周囲と協調できないだけでなく、対外的にも問題を起す可能性が高い。

誰でも心のどこかに自分の非を認めたくない気持ちがあるが、間違いを認識できない人は自己主張が強く、協調性に欠ける。自分を正当化するために語調が強くなり、話せば話すほど収拾がつかなくなりやすい。

過去の経験を持ち出し、固定概念で自らの行動や考え方を正当化する人もいる。会社は育った環境、年代、考え方の違う人々が、ひとつの集団となり仕事を進めるのだから、お互いを尊重しつつ、間違いは間違いと認める環境でなければならない。自分を正当化する社員に対して、相手を尊重しつつ間違いを具体的に指摘し、まず行わなければならない業務を提示する。「私は間違っていない」という相手の自己主張を聞く前に、上司もサポートし問題解決のための行動を起こすことが先決だ。

正当論を論じる前に、会社にとって何が必要なのか冷静に判断する能力を身につけさせる必要がある。言い訳を考える時間を与えるから、言葉で自分の正当化を主張しようとするのだ。個人を責めるのではなく組織が一丸となって問題解決しようと行動すれば、間違いを正当化している余裕などなくなる。有効に人材を活用するためには、問題解決後に相手の主張を聞こう。言い訳すべてを切り捨てる行為をしてはならない。そして、言い訳をしなくても気持ちよく働ける環境を与えることも大切なのだ。

できない人への対応策

- やらなければいけないことを、上司がきちんと提示する
- 失敗を責めるのではなく、次の糧にする社風を構築する
- 自分本位の考え方を指摘し、改めさせる

「できない人」のタイプ⑤

何かにつけて転職を周囲にちらつかせる

同僚や新入社員に、会社の方針や上司の批判をして転職を周囲にちらつかせる人は「できない人」だ。しかし、**転職を周囲にちらつかせる社員ほど、不平不満を言うわりにはなかなか辞めず、会社に居座るケースが多い。**

このような社員は、同僚をライバルだと自覚しており、相手のやる気をなくさせようとけん制している。ひどい人になると、人材紹介会社に同僚をスカウトするよう依頼することもあるのだ。

こんな「できない人」は、さっさと辞めてもらってかまわないが、「できる人」が転職しないためには、社内の風通しがよく、上下の関係なくコミュニケーションが取れている状態でなければならない。退職をちらつかせながら会社を批判する人材に影響されない職場環境を構築しよう。

どの会社にも、不平不満を言う社員は存在するが、彼らが転職をちらつかせているのを黙って見ているような企業体質では、「できる人」は育たない。

転職をちらつかせている社員は、上司や同僚に「かまってもらいたい」と考えていることもある。**仕事では実力を示せないために、退職をちらつかせて周囲の気を引こうとしている**のだ。上司はいきなり「辞めないでくれ」などと言わず、本人が何を考えているのか、仕事のやりがいはあるのか、目標は何かなどについて面談を行おう。仕事が面白くなく悶々とした気持ちの社員に対して、余計なことを考えられないくらいの仕事を与えてみる方法もある。

「転職する」と言っているわりには、いつまでも退職しない社員に対して、「辞めたければ辞めてかまわない」と毅然とした態度で上司が告げると、その後退職をちらつかせない社員になることも多い。

できない人への対応策

- 本人とじっくり話をして、本心を探る
- 余計なことを考える暇がないほど、仕事を与える
- 相手によっては「辞めてかまわない」と毅然とした態度で対応する

「できない人」のタイプ⑥

敬語の使い方を知らない

日本語を勉強している外国人であればいざ知らず、日本語を母国語とする人が正しい敬語を使えないようでは、「できない人」と言わざるを得ない。「私は、お急ぎです」「私は、お時間があります」など、ビジネスの会話でこのような言葉を語れば、それまでの信頼関係が一挙に崩れ、失笑される。友人や親であれば、「おかしな日本語を使うなよ」と指摘できるが、会社では本人は自覚がなく、陰で失笑を買ったままで終わってしまうことが多い。

社内で笑われるだけであれば、それほど大きな問題にならないが、**商談など社外の人と接する場でおかしな日本語を話せば、本人だけでなく本人が在籍している会社のレベルそのものを疑われてしまう。**

正しい敬語が使えない理由として、本人が緊張して誤った敬語を使用してしまうこともある。丁寧な言葉を使わなければならないとあせってしまい、何でも「お」や「ご」をつけてしまうパターンだ。

本人が自覚していないので、指摘をすることが大切だが、**社内においても社員同士、敬語を使うような環境を構築しよう。**上司から部下、同僚同士の会話が乱れていれば、突然敬語を使うことは難しい。

指摘する場合も、決して馬鹿にせず、他の社員がいる場所ではなく個別に指導するようにしよう。上司であれば、「正しい日本語の話し方」などの書籍をプレゼントする方法もある。

外国人を雇用している会社であれば、日本語勉強会を開催し、敬語が使えない社員をあえて運営責任者として勉強させる方法もある。本人に恥をかかせず対策を講じるようにしよう。

できない人への対応策

- 社内において社員同士が敬語を使うような環境を作る
- 上司であれば、書籍などをプレゼントする
- 恥をかかせないよう配慮し、誰もいない場所で指摘する

「できない人」のタイプ⑦

時間を守れない

必ず遅刻をする人、納期までに仕事ができない人が、あなたの周囲にいないだろうか？

ビジネスでは約束の時間を守ることが重要だ。約束の時間を守れずルーズな「できない人」がいる。そういう人は、時間を守れないことで発生する、**相手に対する迷惑やトラブルを想定せず、自己中心的に物事を捉えている**ことが多い。

予測しない出来事が起き、約束の時間に間に合わないケースはある。その場合は、事前に連絡を入れることがビジネスマナーだが、相手のことを考えられない人は5分や10分の遅れでは連絡を入れない。

もっと問題なのは、**時間を守れない人は仕事の段取りを組めない**ケースが多いことだ。衝動的な行動はするが、あらかじめ起きうることを想定し、スケジュールを立てることができないのだ。時間にルーズな社員は、時間だけでなく仕事の質や進め方に注意をしよう。

何事に対しても、常に時間に遅れるようであれば行動特性や時間管理に問題がある。本人にカウンセリングを行い、遅れる原因を分析する必要がある。**遅れることに危機感がないのであれば、時間を守れないことの損失について、相手が理解するまで説明しよう。**忙しい自分に酔って、バタバタと仕事を行うことが「できる人」だと勘違いしている社員に対しては、仕事の取り組み方に対する指導が必要だ。

自社の環境についても検討してみよう。経営トップが時間通りに行動しない、会議では時間に全員集まらない、遅刻をしても誰も注意しないという環境であれば、社員の社外とのつきあいも時間にルーズかもしれない。

できない人への対応策

- 時間を守れない原因を、検証、分析する
- 本人の行動特性であれば、カウンセリングを徹底する
- 時間を守る社内環境を構築する

「できない人」のタイプ⑧

指示待ちの行動しか取れない

「できない人」は上司から指示されるまで、自ら考えず行動しようとはしない。強い組織では、部下が現場で得た活きた情報から提案が行われ、部下自ら新たな提案をし、実践していく。

言われたことしかできない人は、一から十まですべて説明しなければ職務を遂行できない。入社するまでは自分で考えて行動する習慣がなく、与えられたものだけで生きてきた可能性がある。そうした癖が社会人になっても残っている場合、「自ら考え、行動するように」と指示をしても指摘された意味を理解できない。

このような部下では、部下の仕事すべてに指示をし、進捗状況を常に気にしながら、ときには上司自ら仕事を行ってしまう状況が発生する。指示待ちの部下は、「忘れていました。すみません」と謝ることはできても、何が悪いか考えることができず、同じ過ちを繰り返す。

　このような部下を育てるためには、仕事を最後まで任せて、自ら考え行動する喜びと達成感を植えつけなければならない。**上司は、仕事の目的を告げて、プロセスを自ら考え行動するよう指示する。**そして、わからない部分だけを上司がフォローをする。これには根気が必要だが、口を出さずに必要な援助を行う体制で、仕事を覚えさせることが大切だ。

　部下にやる気があっても、上司自らすべて行ってしまう環境では、人は育たない。上司が行うことで目先の仕事はうまくいっても、長くは継続しないだろう。また、部下が提案しやすい環境かどうか検証してみよう。部下の提案を闇雲に却下するようでは、優秀な人材でも自ら提案し、行動しようとは思わない。

できない人への対応策

- 仕事の目的を説明し、プロセスを考えさせる
- 仕事を最後まで任せて、自信を与える
- 発言しやすい職場環境を構築する

「できない人」のタイプ⑨

報告・連絡・相談を軽く考える

新入社員研修では「報告・連絡・相談(ほう・れん・そう)」の重要性を学ぶが、現場に入るといとも簡単に忘れてしまう。「ほう・れん・そう」をしなくても、「相手はわかっているだろう」「相談せずに進めて問題ないだろう」という思い込みが強いためだ。

一方で、社内における報告・連絡・相談がしにくい体制の会社もある。その場合は、報告・連絡・相談を受ける側の態度、体制などに問題があることが多い。つまり、本人の考え方に問題がある場合と、上司の受け方や社内ルールに問題がある場合があるのである。

報告・連絡・相談がしやすい環境のためには、**受ける側が「ほう・れん・そう」の重要性を認識し、コミュニケーションの取りやすい社内体制を考えなければならない。**

外出する社員が多い場合は、社内伝言メモの定型フォームを作成し、受け手も報告を確認したことがわかるチェック機能を設ける。

新入社員は、1つの案件に対し、それが重要か否かを認識できず、取り扱いを間違えることも多いが、日頃からコミュニケーションがうまく取れていれば、重要なものかどうかの識別は、それほど難しいことではない。

報告を受ける側は、忙しい場合でもできるかぎり報告を歓迎する表情、態度で接しよう。後で報告するよう指示した場合は、必ず上司から時間を作るようにする。相談を受ける場合は、信頼関係が求められるので、周囲に人がいない静かな環境で話を聞く配慮をしよう。

報告・連絡・相談の重要性を、社内全体で認識することが大切だ。

できない人への対応策

- 受け手が報告・連絡・相談を歓迎する姿勢を示す
- 報告・連絡・相談の重要性を理解するまで指導する
- 報告・連絡・相談をシステム的にできる環境を構築する

「できない人」のタイプ⑩

突然、出社しなくなる

突然、出社しなくなる社員は、在職中に何らかの兆候を示していることが多い。仕事がうまく処理できずパニック状態になっていたり、自分だけ忙しいと被害者意識を持っていることもある。信頼している上司から感情的に叱責されたことが原因で、出社できなくなる社員もいる。

今まで明るく元気だった社員が、ふさぎがちになる場合、鬱病やパニック障害の可能性もある。

人はそれぞれ、仕事の捉え方、対応できる能力は異なる。忙しさをものともしない社員もいれば、一人で処理できず、精神的にまいってしまい、身体が思うように動かなくなってしまう社員もいる。**上司のモノサシだけで判断せず、部下の状況を適確に捉えて対処しなければならない。**上司が部下の小さな変化を見落とさず、チームや組織でその人を支えられる体制を構築しなければならないのだ。

突然出社しなくなった社員を無理やり出社させようとしても、決してうまくいかない。日頃から部署内のコミュニケーションを取り、社員それぞれがストレスをためないようにする努力が必要だ。孤立した状況から、チームで励まし支えあう形にするのである。

状況によっては、専門の医師に診断してもらう必要があるかもしれない。鬱病の社員に「頑張れ」と連呼すれば、症状はさらに悪化してしまう。

突然出社できなくなる社員が頻繁に出る会社は、社内環境に問題があることが多い。残業時間が多い、休みが取れないという環境を「仕方がない」と捉えず、環境を変えていく行動が必要だ。

できない人への対応策

- 社員の行動に繊細になり、微妙な変化に対応する
- 新入社員には相談できる身近な先輩(ブラザー・シスター)をつける
- 労働環境をよくする改善策を構築する

「できない人」のタイプ⑪

場の空気が読めない

場の空気を読めないことは、ビジネスでは致命傷になることが多い。能力があっても場にそぐわない言葉を発してしまうと、良好な人間関係が構築できない。場の空気を読めない人に対して本人の前では何も言わず、陰で「使えない奴だ」と嘆く上司もいるが、場の空気を読めるコミュニケーション能力はビジネスにおける重要事項なので、「できる人」に育てるためにも直接本人に指摘するようにしよう。

場の空気を読めない社員に対して**間違いを指摘しなければ、いつまでたっても行動特性や発言は変わらない。**本人が間違いだと感じていないため、何がいけないのかをきちんと説明しなければならない。

場の空気を読めない社員は、**相手の気持ちをくみ取れず自己中心的に物事を考える人**が多い。自分の興味のないことには関心を示さないので、興味を促す話題をもとに指導を行う必要がある。

社内における自分の存在価値を見出せずに仕事に取り組んでいることが、場の空気を読めない理由となっているのであれば、**本人が自発的に取り組める環境を整え、行動や発言を注意深く見守る。**

発言を慎むように指導をすると、行動が消極的になりマイナス効果になることもある。時間がかかっても、コミュニケーションを頻繁に取り、間違いを指摘していくことで正しいコミュニケーションを学習させるようにしよう。

自分の世界に入ってしまっていて、場の空気が読めない社員は、仕事の面白さ、重要性を認識させることが大切だ。

できない人への対応策

- 間違いを理解できるまで、きちんと説明する
- 信頼関係の構築は、じっくり話を聴く環境から生まれる
- 指導するときは、相手の興味を促す話題で行う

「できない人」のタイプ⑫

集団で会社批判を行う

「できない人」が仲間同士で群れをなし、上司や会社の批判をして仲間意識を高める。次に、集団での「できる人」への批判が始まり、できる社員は会社を去ってしまう。こんな「できない人」の集団化は、何としてでも阻止しなければならない。

会社批判をする「できない人」は、一人ひとりと話をすると、それぞれ問題意識を持ち、なかには改善意欲がある社員もいる。だが集団になると上司や会社に対して批判的になる。個人で会社批判を行う社員は、現職で力を発揮できない言い訳を、会社が悪いと置き換えてアピールする。これは転職者に多いが、過去の実績を誇張して語り、現在実績を出せないのは、企業体質や上司に問題があると発言するのだ。

また、「できない人」の発言や行動を黙って見過ごす上司がいる。「できる人」は、そんな上司に少なからず失望している。人事や経営者は、上司一人に任せず、会社批判を行う「できない人」に協力して対処しなければならない。**放っておくと何らかの不満が出て、「できない人」の集団化につながる。**

「できない人」は、会社が何もしてくれない、将来に不安があるという悩みから仲間を募り、会社を批判する。彼らが何を不満に感じているのか上司や人事は把握し、対処することが大切だ。理不尽な要望であれば、自社で必要のない社員かもしれないが、**問題意識を持っているからこそ訴えていることもあるので、短絡的に「できない人」のレッテルを貼ってはならない。**

会社批判をする「できない人」に対して、カウンセリングを充分に行い、責任のある業務を任せ、実績を上げたとき「昇格」を組み込むと、責任のある行動を取る社員に変わることもあるのである。

できない人への対応策

- 責任ある仕事を与え、モチベーションを促す
- 直属の上司一人に処理を任せず、人事や経営者も協力して対処する
- 会社批判を無視せず、改善できることを検討する

「できない人」のタイプ⑬

専門知識の不足を認識していない

社員の職務能力を、経営者、人事、上司が適確に把握しているだろうか？中途採用において、採用時に綿密な職務能力のチェックを行う会社は少ない。適性検査や一般常識の試験を実施する場合はあっても、多くは職務経歴書の内容と面接で採用を決定している。社員が持つそれぞれの分野におけるスペシャリストとしての知識、経験が会社の財産となるのだが、既存社員がどれだけの能力を持っているかを、経営者や人事が適確に把握していないようでは、自社の実力がわからず闇雲に経営を行っているのと同じである。

専門知識を理解しているか否かは、部署で問題が生じたときによくわかる。たとえば、人事部付けで採用した社員が、労働法規や社会保険関連知識を理解していない状態で入社し、後から問題が起きてしまっても「前職で経験していないから」と言い訳をする。これでは本人だけでなく、確認をしなかった人事にも責任がある。不足している知識を自主的に学ぶ姿勢がなければ、いつまでたっても「できる人」にはなれない。

専門知識が不足している場合、本人の自尊心を傷つけないよう自主的に学習することを勧めてみよう。部門内で勉強会を開催するのも効果がある。日常の忙しさを理由に自己啓発しない社員がいるが、キャリアシートなどを活用し、現状を認識させたうえで社員自らに「プロ」だという意識付けをさせよう。

社員が財産であるならば、専門知識を習得することがポジションや給与に反映する制度など、自己啓発を促す社内体制を構築することが大切だ。

できない人への対応策

- 社員の職務能力をキャリアシートで把握させる
- 不足しているスキルを放置せず、自己啓発を促す社内体制・仕組みを作る
- 「プロ」としての意識付けを行う

「できない人」のタイプ⑭

仕事をポジティブに捉えていない

仕事をポジティブに捉えず「できない」と簡単に言う人は、「できない人」だ。簡単には解決できない難題でも深く考えると、進むべき道が見えてくるが、ネガティブに捉える人は、最初から諦め、考えようとしない。

現在業績のよい会社でも、今後もよい業績を継続できる保証はどこにもない。働く人材の如何によっては数年後は衰退してしまうかもしれない。いずれにしてもひとつだけ言えるのは、伸びる会社の社員は間違いなく懸命に働き、成功を信じて頑張っていることだ。

ネガティブに捉えることと、慎重に考えることは大きく違う。ネガティブに捉える人は思考が途中でストップしやるべきことを考えないが、慎重に考える人は会社にとって最善の策を模索する。

仕事をポジティブに捉えない人に対して、会社の進むべき道をきちんと説明しよう。ときには、危機感を植えつけることも必要かもしれない。危機感を抱くことで、自ら行動しなければならないという気持ちになり、ポジティブに仕事を行うケースもある。

上司と部下の役割分担が明確でなく、信頼関係が構築できないために仕事をポジティブに捉えられない社員もいる。**上司は部下の存在に感謝し、目標を達成したときの状況をきちんと説明しよう。将来像が見えない不安は、社員の気持ちをネガティブにする。**会社の業績が悪いという噂が先走ると、頑張ろうという気持ちより、不安から逃げ出すことを考えるかもしれない。社員にできるかぎり情報をオープンにして、組織が一丸となって進んでいくことを社員に認識させよう。誰一人不要な人がいないことを社員が実感したとき、強い組織になるのだ。

できない人への対応策

- ポジティブに行動できない社員の本質を探ろう
- 上層部は、できるかぎり情報をオープンにし、会社としての一体感を出す
- 誰一人不要な社員はいないことを、実感させよう

「できない人」のタイプ⑮

自分の能力を過大・過小評価する

自分の能力を過大に評価する社員は、過去の実績や資格に頼っている場合が多い。能力を過大にアピールしていても具体的な成果は出せず、自分を正当化するための言い訳をしている。

仕事がうまくいかないと自分の能力は省みずに、会社や上司の批判をして自身の保身を図る。上層部に気に入られていることをいいことに、能力を誇示する人は他の社員に対して悪影響を及ぼし、「できる人」は去っていってしまう。

自分を過小評価する社員は、セルフプロデュースが苦手で、能力があってもうまくアピールできない。失敗を恐れてアピールしない社員もいるが、仕事を任せると黙々と仕事を行い、確実に成果を上げる人もいる。

以前は、目立たずコツコツと仕事を行う人が評価されたが、最近はプロジェクト単位で行う仕事も多く、自己アピールがうまくできずに「できない人」と見なされてしまう社員もいる。

自分を過小評価する人には、本人に自信を与えるために、少しずつ責任ある仕事を任せて成功事例・達成感を与える方法を検討しよう。

どちらにしても、**能力を正当に評価する人事考課制度や自己申告制度を確立するのが急務である。**キャリアシート、目標管理シートなどを活用し、客観的に社員を評価することで、公平な人事評価システムを確立できるはずだ。

自己アピールできない人にも問題はある。しかし、地道に頑張っている社員が評価されない体制なら、評価制度そのものが意味をなさない。自己アピールも大切だが、それ以上に、仕事で実績を上げることの重要性を社員が認識するように指導しよう。

できない人への対応策

- 社員の能力を適確に判断する人事システムを構築する
- アピールがうまい人、下手な人がいることを認識する
- 過去ではなく、現在と将来において発揮する能力を評価する

COLUMN

人材が育つ土壌は、経営者で決まる

自社に見合う人材を採用できる会社は、経営者が先頭に立ち人材を財産と考え採用業務を積極的に行っている。経営者からの熱いメッセージが応募者の気持ちを動かす。

そういう経営者は、「採ってやる」という上から目線ではなく、応募者に自社の現状、将来像を本気で語る。このような会社の経営者は、人材育成を真剣に考え最重要課題として捉えている。社員は3年で辞めるという考え方の経営者では、人を育てることはできない。

採用、人材育成は、経営者の考え方が浸透する部門である。経営者の思いが上層部や担当者に伝わり、経営者と同様の考え方で行動する。経営者が社員は使い捨てだと考えている限り、将来を担う人材は育たない。

第2章　「できない上司」のタイプとその対応策

部下は上司を選べない

社員が育つか否かは、上司の部下への「思い」で大きく左右される。部下を育てる意識がない上司のもとで働く部下は、目先の仕事は行うが、モチベーションが低く、上司との信頼関係がない。部下から信頼されていない上司のもとでは、「できる人」は育たない。

部下は上司を選べないことを自覚しているだろうか？
上司により部下の人生が変わることを自覚しているだろうか？

「部下にやる気が感じられないので、育てようと思わない」と部下に問題があると言い訳をする上司がいる。確かにモチベーションが低く、上司の期待に応えられない部下もいるが、上司の行動や言動が部下のやる気を削いでいるケースも多いのである。

上司が懸命に育てる気持ちがあっても応えようとしない部下は、会社にとって必要のない人材だが、多くの上司は、本気で育てることを考えていない。愛情がなく、**指示、命令だけを行う上司のもとでは、部下の仕事も思いのない殺伐としたものになる。**

人事異動をすると、それまで元気がなかった部下が見違えるように活躍することもあり、その逆もある。会社における労働意欲は、人間関係が大きく影響しており、上司と合わないと感じている部下は、行き場のない悶々とした気持ちで仕事をする。

「何でも相談しろ」と部下に語る上司がいるが、忙しく仕事をしている上司に対して、部下からはなかなか相談できない。部下への思いがある上司は、**上司から部下へ声をかける。部下との会話から、部下の気持ちをくみ取る。**

本章では、「できない上司」を「できる上司」に変える方法について記載する。上司は、部下のコーチなのだ。スポーツの世界では、コーチによって成績は大きく変動する。ビジネスの世界でも同様に、社員の能力を高めることができる人は、部下との信頼関係がある上司なのだ。

「できない上司」のタイプ①

部下よりも自分の身を守る

普段は部下に対して都合のいいことを言っていても、上層部になると媚びへつらうように普段とは異なる言動を行う「できない上司」がいる。**部下は上司の行動を常に観察しており、上司が意識していない行動に不信感を募らせることがある。**

「できる上司」は、自分の身を守るのではなく、いざとなれば自分が辞めてでも部下を守るくらいの意気込みがある。勤続年数が長い「上司」は、社内において世渡りがうまいが、往々にして他社や世の中の動きに無頓着である。また、自分に自信がないために、上層部へ媚びへつらう「上司」もいる。

部下を育てることができる上司は、上を見る前に自分の部下の気持ちを把握し、伸ばそうとする。ある会社に、カリスマ社長に絶対服従のおとなしい経理部長がいた。周囲にとってその部長は、「上ばかり気にする頼りにならない上司」という印象しかなかった。ある日、カリスマ社長は経理部で働いていた派遣スタッフが気に入らないと言って、すぐに辞めさせるよう指示した。すると経理部長は、「彼女は悪くありません。辞めてもらう必要はありません」と皆の前で答えた。それを聞いたカリスマ社長は、驚きの表情で部屋から出ていった。しばらくして、経理部長は退職したが、普段物静かだった彼は、部下を守るために自分の退職を辞さず、きっぱりと社長の指示をはねのけたのだ。

経営者は、お調子者の「上司」の言動を鵜呑みにしていると「裸の王様」になってしまう。常に本質を見極め、人を見る目を養わなければ、会社はいつのまにか衰退する。そのとき真っ先に退職するのは、「できない上司」なのだ。

できない上司への対応策

- 上司としての在り方について、勉強会を行う
- 経営トップが、上司に対して人を育てる重要性を徹底させる
- 部下の育成功績を、上司の人事考課で評価する

「できない上司」のタイプ②

部下の心をくみ取れない

組織は人間関係で成り立っている。社員が働きやすい環境を提供するのは、会社ではなく、上司の役目だ。

部下の気持ちを理解し、部下のために行動する上司に対して、部下は上司の期待に応えようとする。部下の心をくみ取れない上司のもとでは、新入社員の教育を部下に任せっぱなしにしてしまう。その結果、教育がうまくいかなくても、「任せた社員が悪い」と一言で済ませてしまう。任せた自分の責任など考えない。

「できない上司」のもとでは、新入社員や部下は定着しない。部下の気持ちを理解しないため、会社への不信感が募り辞めていくのだ。社員定着率の悪い会社には、必ず原因がある。会社の財産は、間違いなく「人」だ。**部下の気持ちをくみ取れない上司は、人材という大切な財産を食いつぶすだけの会社で必要のない上司だ。**

相手の気持ちをくみ取ることは、上司だけでなく良好な人間関係を構築するうえで大切なことだ。自己中心的な考えでは、周囲から協力を得られず、孤立する。部下を甘やかすのではなく、部下に共感し部下の気持ちで考えられる上司でなければならない。新入社員が配属されたら、彼らの緊張感を理解し、笑顔で温かい言葉をかける上司は見所がある。

当たり前のことだが、上から目線で威圧感を与えるようでは、部下のモチベーションは下がってしまう。「年代が違うから、若い人の気持ちが理解できない」というのは言い訳で、理解しようとする気持ちが不足しているだけだ。

部下の心をくみ取るために、上司が目線を部下と同一にして考えているかチェックしよう。

できない上司への対応策

- 部下からの提案、相談等に真摯に対応することを教育する
- 経営者が自ら手本となり、部下である上司の考えを親身に聞く
- 部下との会話やカウンセリングを推奨する社風を構築する

「できない上司」のタイプ③

部下の成長を心から喜べない

部下の成長を心から喜ぶ上司は、「できる上司」だ。部下の能力や行動に注意を払い、プロセスで悩んだときはアドバイスや指導を行う。そして実績をあげたときは、部下と共に心から成果を喜べる上司は部下からも信頼され、組織としても成果をあげる。会社は、そこで働く社員の成果がすべてだ。勢いのある部署は、部下の気持ちをのせることがうまく、純粋に部下の成長を喜ぶ。

「できない上司」は部下の手柄でも、自分の実績として上層部に報告をする。「できない上司」のなかには、部下が成長することで自分のポジションが脅かされると考える人もいる。このような会社の社員は、上司、部下共に、本音で語ることがなく、上司は部下を批判し、部下は上司を批判する。

部下の成長を喜ぶ上司は、部下の育成に力を注いでいる証だ。育てたいと考えているからこそ、ときには叱責しまた共に喜ぶことができる。

会社がシステマチックになればこそ、そこで働く社員の人間性が会社の優劣に現れる。上司が部下を大切に考え共に喜ぶ環境であれば、お互いを尊重し強い組織が構築できるのだ。喜び、楽しみ、悲しむことを共有することで、社員の結束力が増す。

部下の成長がなければ、上司の成長もない。人を育てられない上司は、いくら優秀でも評価しないという経営者の一言が重要だ。

部下に興味を持ち、成長させたいという気持ちと行動が、社員の成長の原動力になることを忘れてはいけない。

できない上司への対応策

- 部下の功績に対して、上司を評価し褒める
- 部下の後押しが、上司の成長につながることを教育する
- 人を育てられない上司は、会社で必要ないことを徹底する

「できない上司」のタイプ④

昔の手柄話ばかりに終始する

管理職クラスの社員や年齢の高い転職者のなかには、過去の実績や評価を自慢話として語る人がいるが、自慢話をされても部下の気持ちは動かない。特に、過去の実績を評価されて入社した転職者が実績を出せないとき、話は武勇伝に終始し、自社の現在や未来について語ることができない。

経験は社員にとって大切な財産であり糧だが、過去の経験を現在どのように活かせるか具体的に示せる上司こそ、武勇伝だけで終わらせない「できる上司」である。

プレッシャーに弱い「できない上司」は、新たな行動に臆病になり、過去の実績を自慢し、必要である人材であることをアピールする。「できないこと」を見破られないために、自慢話をしてカモフラージュしているのだ。

話を武勇伝だけで終わらせない上司は、過去の経験を活かしながら常に先を読んで行動する。部下に対しても過去の経験を元に何をすべきか適確に指示できる。

自慢話だけを語って行動しない人材は、自社で必要のない社員かもしれないが、経営者が過去を賞賛するあまり、新たな行動を起こすことに慎重であることも予測できる。経営者自ら、**過去だけを評価せず、自社に対する貢献度に目を向ける必要がある。**経営者は、過去ではなく現在の行動や実績に対して評価をしなければならない。

現在の状況を真摯に捉え、誇りを持って業務に取り組めるような意識付けが、武勇伝だけで終わらせないためにも大切だ。

できない上司への対応策

- 転職者が成功事例を作れるよう周りがサポートする
- 経営者のビジョンを明確に伝え、将来に目を向けさせる
- チャレンジ精神を評価する仕組みを構築する

「できない上司」のタイプ⑤

会社の経費でしか部下を飲みに連れて行かない

上司の役割は、部下を高級クラブに連れて行くことではない。場所は「一杯飲み屋」でも構わないから、上司としてではなく、社会人の先輩として自費で飲み食いさせる「心意気」が大切だ。

最近は、上司と飲食を共にするのを嫌う部下が多い。せっかくその機会があっても会社の経費を使って飲み食いしている上司は、上司としての威張りくさった話をしてしまうことがある。部下の貴重な時間を割くからには、部下を思い、本音で語り合うことが大切だ。

経費として認められているのであれば、部下とのコミュニケーションのために使うことは間違いではない。しかし、部下は上司の細かい行動から、上司の器の大きさや部下への思いを感じている。ときには身銭を切ってでも、良き先輩として**親身になって話をする機会を持とうとする上司の姿は、部下にとっても、そこまで自分のことを思ってくれているのかと頼もしく感じる**

はずだ。

部下が上司と飲みに行きたくない理由のひとつは、プライベートな時間まで仕事の話をされることだ。業務上のことは、勤務時間中にしてほしいというのが本音だろう。上司から一方的に語るのではなく、部下に話をさせるような気配りを持って、必要であれば先輩として良きアドバイスができれば、部下との一体感が生まれる。

部下から信頼される上司とは、形式だけの話ではなく、身銭を切ってでも部下を育てたいと考えている上司だ。

できない上司への対応策

- 部下との外食を推奨する社風を構築する
- 部下との飲食費を、管理職手当などに盛り込む
- 経費で落とす場合は、後日報告書を提出させる

「できない上司」のタイプ⑥

ちょっとしたことで気持ちが乱れる

「できる上司」は感情で態度が豹変するようなことはない。トラブルが発生したときこそ、冷静かつ適切な対応ができる。「できない上司」は、何か小さな問題が起きると、慌てて冷静さを失う。

売上で思うような実績を出せないときや会議の前になると、「できない上司」は感情が乱れる。「できない上司」は、本当に深刻な問題が起きても、自分では解決できず部下に責任をなすりつける。

「できる上司」は、問題が発生したときこそ冷静に対応し、部下の実務面のフォローも行う。その姿は実にすがすがしい。

部下は上司の慌てふためく姿を見て、実にがっかりする。それまで立派なことを言っていても一瞬にして信頼感を失い、なかにはこのような上司にはついていけないと退職を考える。

「できる上司」は、部下から常に行動や表情を見られていることを自覚し、トラブルが起きたときこそ、気持ちを乱さず対応できる。

ちょっとしたことで気持ちが乱れる上司は、本人の資質にもよるが、社内の組織体制に問題がある場合も多い。**部下や上層部と良好な人間関係ができていないため、トラブル時に周囲の協力を得られず、一人で解決しなければならないのだ。**

上司から部下、部下から上司への日常のコミュニケーションがうまくいっている部署では、問題発生時も部署の問題として部下、上司の関係なく対処する。気持ちが乱れる上司は、部下を信頼していないため一人で処理をしようとして、パニックになることもある。

できない上司への対応策

- コミュニケーションを日頃から密にとる体制を作る
- 一人で抱え込まない組織体制を構築する
- 経営者自ら、問題に対して冷静に対応する

「できない上司」のタイプ⑦

注意したり叱ることができない

中間管理職の上司は、上層部と部下に挟まれ日常のストレスが多いが、ストレスが多いからといって部下に当たる上司は「できない上司」だ。

一度でも感情に左右されて怒ってしまえば、「気分しだいで変わる上司」とされ、部下との信頼関係は築けない。感情で怒られた部下は、自分の非は認めず感情的な怒りをぶつけられたことに納得せず、上司に反発するか辞めてしまう。

若い世代の社員は、注意されたり叱られることに慣れていない。特に今まで周囲から優秀だと評価されて育ってきた社員は、他人から注意された経験がほとんどない。「できる上司」は部下を伸ばそうとする考えが強く、注意したり叱ることができる。「できない上司」は、部下の行動を尊重するとは言いながら、嫌な思いをしたくないため見て見ない振りをする。

「できる上司」は、間違っていることは「間違っている」ときちんと部下に指摘し、部下を叱る場面でも、本人が落ち込んで立ち直れないようにならないよう、次につなげられるアドバイスを行う。

上司が部下を叱る場合は、日頃から部下とのコミュニケーションがうまくいっており、部下の性格や行動特性を把握していることが前提だ。

「できない上司」は、注意したり叱ることができても、感情にまかせて怒ってしまう。「できる上司」は10分程度のインターバルをおき、感情をコントロールする。化粧室にでも行き、怒りの感情を打ち消すために鏡の前で笑顔を作っているのだ。そうすると部下の言い分を聴く耳が持てるようになる。

自分を育てようとする気持ちを感じた部下は、注意や叱られたことを素直に受け取り行動が変わる。

できない上司への対応策

- 感情で怒る上司に対して、部下を育てる大切さを教える
- 放置することと、やらせることの違いを教える
- 注意、叱れない上司を評価しないことを徹底する

「できない上司」のタイプ⑧

実務能力が伴わない

普段は実務を行うことがなくても、必要なときに実務能力を発揮できる上司は、「できる上司」だ。

管理職だから実務面がわからないという状況では、部下から尊敬される上司にはなれない。上司として実務面を行う必要がなくても、部下に指導ができるレベルの実務能力は、「できる上司」として必要だ。

実務面における知識や技術がない「できない上司」は、部下の仕事に対して指示、命令ができない。指示をしても「とても間に合いません」と言われれば、部下の言葉を鵜呑みにするしかない。

「できる上司」は、部下の仕事を尊重したうえで、指示を適確に与えることができる。管理職として採用された転職者は、経営者からの実力を示したいという気持ちからすぐに変革を考え、それまで行ってきた実務をいきなり変えようとするケースがある。しかし部下のそれまでの仕事を評価したうえで充分な説明を行い、改善、改革を行わなければ、部下の不信感だけが増す。すべての仕事に言えるが、実務を行う現場に今後の方向性を担う重要なヒントがある。**上司が実務の現場を理解せず、机上の空論で戦略を立てても、部下が動かないだけでなく、他社に優位なビジネスは展開できない。**

普段は部下を信頼し仕事を任せ、部下が困ったときは、実務面の能力を発揮し速やかに手を差し伸べられる上司は、部下からの信頼が厚い。

実務面で部下より劣る場合は、上司は自己啓発してでもスキルを高める社風を構築しよう。

できない上司への対応策

- 実務能力を見極めるチェック機能を構築する
- 実務能力を活かせる適材適所の人事異動を行う
- 実務面で劣る上司は、降格も視野に入れて自己啓発を促す

「できない上司」のタイプ⑨

部下との約束を守らない

上司が部下との約束を忘れていても、部下はずっと覚えている。部下が上司に失望する理由として、約束を守らないことをあげる人が多い。何気ない会話の約束でも、部下は上司の言葉として重く受け止める。

上司が部下と約束をしたときは、必ずメモに取り、後日「言った、言わない」とトラブルにならないようにするべきだが、部下のなかには約束をしたわけではなくても、意図的に上司から了解を得たと言い張る場合もある。

業務内容にもよるが、部下との約束を後回しにしてはならない。部下は自分から言い出さなくても、約束が遂行されることを待っていることが多い。「できる上司」は部下の立場になり、できることは速やかに実行する。

曖昧な約束は、上司として慎まなければならないが、「できない上司」は、部下に嫌われたくないという気持ちから、安易に約束をしてしまうことがある。このような上司は、約束をしない上司以上に、部下から信頼されなくなる。部下ではできないことを上司が上層部とかけあい実行できたとき、部下は上司の実行力を評価する。

本来上司が部下を評価するものだが、部下も上司を評価している。定着しない部署の上司は、何気ない一言や行動が、部下を傷つけていることも多い。相手を裏切ることで、人間関係は間違いなく崩壊する。上司は部下からよく思われていると感じていても、部下との約束を忘れていることが原因で、部下は「約束を守らない上司」というレッテルを貼る。約束を守る上司は、部下との信頼関係が構築でき、信頼できる上司のもとで働けることに喜びを感じていることを理解しよう。

できない上司への対応策

- アセスメントやアンケートを行い部下の本音を探る
- 経営者、人事が部下と直接会話をする機会を設ける
- 約束を履行しない上司に対して、厳しい対応をする

COLUMN

第二新卒

25歳未満で就業3年未満の転職希望者を「第二新卒」と呼ぶことがある。しばらく前は求人難で思うように新卒採用が充足できず、その代わりに第二新卒を優遇する会社が増えたのである。これは20代前半の社員の意識にも大きな影響を及ぼした。少しでも嫌なことや辛いことがあれば、自分に合わない会社だと判断し、安易に第二新卒枠で転職しようとする傾向が見られたのである。しかし、最近では、経済情勢の悪化などもあり、会社側も第二新卒採用に慎重になりつつある。

会社を辞めるのは本人の自由である。しかし、会社としても費用をかけてやっと採用した人材である。人事としては、安易な退職を防ぎ、なんとか戦力として活用できるようにして、「第二新卒を安易に増やさない」ことを考えていくべきではないだろうか？

第3章

「できない人」を「できる人」に変えるモチベーションアップ術

モチベーションを高めて企業貢献度をアップせよ

できる社員を育てるためには、仕事に対して高いモチベーションを持てるようにしなければならない。自社で必要とされている社員だという存在感がモチベーションを高める要因になる。優秀な社員でも仕事で存在感を見出せなければ、能力を発揮しようとは思わない。

存在感は、求められている業務を遂行し実績を出すことで見出せるが、仕事への意欲や熱意がなければなかなか実績を出せるものではない。モチベーションを高めることで、実績を出すことができ、企業貢献できる人材になる。モチベーションと企業貢献度とは比例関係にあり、モチベーションが低い社員は企業貢献できない。

モチベーションを高めるために、「頑張れ！」と連呼するだけでは、高まらないどころか、プレッシャーに負けてしまう社員もいるだろう。

モチベーションを高めるためには、高めていくための環境や仕掛けが必要になる。やる気を出して頑張れと渇を入れても、やる気を出せる環境や仕組みが整っていなければ、モチベーションはさらに下がってしまう。

自分の仕事と自社に誇りを感じなければ、社員のモチベーションが高まることはない。さらに達成可能な目標をクリアしたい気持ちがモチベーションを高める要因になる。**仕事は、達成したときの満足感、充実感が、次の仕事への意欲になる。**達成するまでのプロセスが厳しければ、達成したときの喜びも大きい。仕事のモチベーションは、命令されて変わるものではない。仕事を行っていくうえで、おのずと湧き出てくるものだ。**会社の役割は、モチベーションを高めるための材料を提供し、評価することである。**

社員一人ひとりの目標を明確にし、達成できる研修システムや協力が帰属意識を増し、自社で働く存在感を感じるのだ。実務面の能力を高めていくことも重要だが、仕事に対してのやる気、熱意というモチベーションが高くなければ、自社に貢献できる人材にはならない。社員のモチベーションが低い要因には、会社の体制、仕組みに問題があるケースも多い。本章では、モチベーションを高めていく方法について考えてみよう。

企業目標、方向性を明確に示せ

企業目標が社員にきちんと理解されているかを自問自答してみよう。会社への憧れや思いが強くて入社したが、考えていたことと現実のギャップの大きさを目の当たりにして、意欲がなくなる新入社員がいる。会社が成長するためには、目指す方向が明確であり、社員にきちんと落とし込まれていなければ、社員のモチベーションは上がらない。

上層部だけが会社の目標や方向性を理解している場合、社員は目標を共有できず、受身の仕事を行うことになる。何のために仕事をしているかを把握していなければ、日常業務を「やらされている仕事」として捉えてしまう。

会社の目標を社員に落とし込むことで、社員一人ひとりの役割が明確になり、帰属意識が強くなる。そして社員が何をすべきか考え行動するようになる。全社員が同一の目標へ向けて頑張ることで、モチベーションが高まる。

社員が持つ特性、適性を理解し評価したうえで、必要な能力を高めていきたい

という社員自らの自己啓発を促すことが大切だ。

企業目標や方向性を理解していなければ、何のために知識や技術を習得するのか、その目的を理解できない。目的を理解できない研修は、時間と費用のムダになる。そのためには、会社は、自社の進むべき方向性、目標を明確にし、社員が果たすべき役割を提示することで、企業目標を実現させて自分たちも幸せをつかみたいという気持ちが高まり、モチベーションアップにつながるのだ。

やる気をアップさせるポイント

- 企業目標、方向性を社員にきちんと落とし込む
- 目標を共有することで、社員の果たすべき役割を明確にする
- 同じ目標に向かうことで、帰属意識を高める

仕事のミッション（使命）を明確に示せ

会社の目標、方向性を示したうえで、個人の担う役割について、ミッション（使命）を明確にしよう。言われたことだけを目的もなく行う仕事では、モチベーションが高まるはずはない。どのような仕事でもミッションを自覚し、達成するための強い信念と熱い思いが仕事のモチベーションにつながる。

ミッションについて一切ふれず、やるべきことだけを指示する上司がいるが、これでは部下は、目的もわからず受身の仕事をするだけであり、会社へ思いを抱くことはないのだ。

人は、「期待されている」と思うと使命感がわき、何が何でも目的を実現しようとする方向に変わる。一般事務職として入社したから言われたことだけをやっていればいいという指示では、よい仕事をしようとする使命感はわかない。一般事務職として、会社から何を求められているのか、期待をされているのかという点について考えるきっかけを与えなければ、自ら社員は行動しようとはしない。

能力や経験がなく最初は「できない人」でも、経験豊富な人に打ち勝つ方法は、**「何が何でもミッションを達成させる」という執念なのだ。**

「あなたのミッションは、○○を実現させることだ。期待している」と一言トップや上司が語れば、社員の目の輝きが変わり、達成するための方法を考え、積極的に行動する。

「できる人」は仕事に対して熱い情熱を傾けられる人だ。ミッションを達成していくことが、本人のかけがえのない財産となり、さらに「できる人」に進化していくのだ。

やる気をアップさせるポイント

- 明確なミッションを与え、行動を促す
- ミッションを達成する執念は、知識や経験を打ち負かす
- ミッションを達成することが、次の仕事のエネルギーになる

じっくり「聴」いて信頼関係を構築せよ

社員のモチベーションは、上司、同僚との信頼関係が大きく影響する。会社は、年代や育った環境が異なる人間の集まりなので、考え方や行動が違うことが当たり前だという前提で、お互いに理解を深めていく努力が必要になる。信頼関係を構築するためには、自分と異なる考え方であっても、相手に共感し認めることが必要だ。自分と合わない人間だと最初から決め付けてつきあえば、お互いに気持ちよく仕事ができるわけがない。信頼していないという表情は、鏡として相手に間違いなく伝わり、お互いに不信感を抱く。このような人間関係では、仕事に対するモチベーションが高まることはない。

「聴く」とは、「聞く」と違い、相手の表情、しぐさ、動作すべてから、相手の見えない気持ちまで察することだ。相手を理解しようとする気持ちから、お互いの信頼関係が生まれるのだ。

上司、部下の関係にとらわれず、多くの会社が存在するなかで、運命共同体として一緒に働いている仲間だと考えれば、お互いに励まし合いながら、ひとつの集団として強力なパワーとなっていく。

「聴いた」後には、聴いたことに対する行動が重要になる。信頼して話をしたにもかかわらず、相手の反応がなければ、信頼関係はあっという間に崩壊してしまうだろう。

「会社に惚れている」は、「社員に惚れている」を意味する。惚れているこの会社、惚れているあの人のために頑張ろう、と考えたとき会社としてのパワーが生まれるのだ。モチベーションを高めるためには、相手を尊重し、「聴く」ことを重視する社風が求められる。

やる気をアップさせるポイント

- 「聴く」ことは、相手の見えない言葉を聞くことだ
- 聴くだけでなく、聴いたことへの反応が求められる
- 「聴く」ことを社風として確立する

4回褒めて1回叱れ

「できない人」は、常に注意をされ叱られてきているため、叱られることに拒否反応を示し、聞く耳を持たないことが多い。一方で「できる人」は、叱られることが少なく、褒められることに慣れているため、考えや行動が正しいのか不安を抱いている。

「できない人」に対して、当たり前のことでも努力をした実績などは、褒めてみよう。有頂天になっては困るが、褒められることに慣れていないため、もっと努力をしてみようという気持ちになる。特に「できない人」は、4回褒めて1回叱る、すなわち「アメと鞭、4対1の法則」を提案したい。褒めることで自分を見てくれている気持ちが芽生え、信頼感を抱くようになる。

信頼できる上司や先輩から叱られることは、彼らにとって大切なアドバイスとして受け入れられるのだ。「できる人」に対して、褒めることばかりしても効果は期待できないが、間違っても感情で叱ってはならない。日常生活で叱られていないため、上司や先輩の言葉を重く受け止め、ときには立ち直れなくなることもある。

社員がよい仕事をすれば徹底的に褒めて、ミスを犯せば叱る。当たり前の行為なのだが、上司のなかには叱れずに、裏でネチネチと「あいつは使えない」と嘆く人がいる。このような環境では社員のモチベーションが上がることはない。**社員のことを本気で考え、共に喜び、悲しみ、苦しむ環境こそが、モチベーションを高め、よい仕事ができる原動力になる**のだ。

社員のモチベーションは、本気で語る上司、先輩により育まれるのだ。

やる気をアップさせるポイント

- 褒めることでやる気がわき、さらに成長する
- 信頼関係を構築したうえで、叱る
- 成長してもらいたいという気持ちで対応する

欠点ではなく長所を評価せよ

「自社に貢献している」という存在感が、働くモチベーションにつながるが、欠点を常に指摘される社風では、前向きに仕事を行う気持ちが失せてしまう。上司が部下を見るときに、欠点だけに目を向ければ悪いところばかりが気になり、上司の表情が部下に伝わる。評価をされていないと感じた部下は、気持ちが沈み、転職を考えるかもしれない。

学校であれば教育に充分な時間を割くことができるが、ビジネス社会では現有の戦力で最大限の効果を出すことを考えなければならない。相手の欠点を修正することは難しいが、長所を伸ばすことは本人のモチベーションも上げることができ、成長が期待できる。

「できない人」は対外的な評価を気にする。評価が低いと感じて奮起する人材であれば、欠点を指摘する方法も間違いではないが、なかなか修正できない欠点を指摘された場合、ネガティブな気持ちになることが多い。

相手の長所を評価するようになると、相手に対して態度や表情が変わり、良好な人間関係が構築できる。転職者の多くが、人間関係がうまくいかず辞めていく事実を考慮すれば、悪い点を指摘するだけでは何も解決しないのだ。長所をさらに伸ばすことで、社員の強みが明確になり能力をより発揮する人材になる。「評価されている」「認められている」という気持ちが、より期待に応えたいという行動になるのだ。

部下や後輩のモチベーションを高めるためには、相手の欠点を気にせず、よい部分をさらに延ばすように育てることを考えてみよう。気持ちよく働ける環境は、認められているという認識から生まれる。

やる気をアップさせるポイント

- 現有戦力を有効に活用するためには、長所を伸ばすことが大切
- 欠点を指摘するだけでは、モチベーションが上がることはない
- 相手の長所を見ようとすると、良好な人間関係が築ける

仕事を最後まで任せて自信を与えよ

日頃、部下を信頼していると言いながら、仕事を最後まで任せられない上司がいる。自分でやってしまったほうが間違いないという意識が先行し、部下に仕事の一部分だけを与え、肝心な部分は常に上司が行ってしまうのだ。このような上司の下にいる社員は、「仕事をやらされている」「仕事を覚えられない」という不満が蓄積していくので、モチベーションが上がるはずがない。

部下に仕事を任せられない上司は、部下を育てる気持ちがない。上層部に対して「部下を大切に育てたい、長い目で見ている」など、調子のいいことを言っていても、実情は怖くて任せられないのだ。「できる上司」は、部下が多少困っていても、口を出さずに部下から聞かれたとき適切なアドバイスを与える。

部下は、最後まで仕事を完遂することで、大きく成長する。苦しいことや辛い

ことすべてが本人の大きな財産になる。

部下のモチベーションが、自社に貢献しているという存在感で芽生えることを考えれば、仕事を任せて自信を与えることが大切だ。

大手企業からの転職者が、一部分の仕事しかできず、戦力として活躍できないことがある。一方で、中小企業からの転職者が、前職で頼る先輩や上司がいなかったため自分で何でも取り組んだことが強みとなり、活躍するケースがある。

「できる人」を育てるには、上司が部下を信じて仕事を任せ、成功事例の経験を積ませることが必要なのである。

やる気をアップさせるポイント

- 上司は、部下を信じて最後まで仕事を任せる
- 部下の功績を心から喜び、自信を与える
- ときには部下を放置し、自ら考えさせる

キャリアプランを提示せよ

自分のキャリアの羅針盤がなければ、社員は不安な気持ちになり転職を考える。部下から将来について質問をされて「誰も将来のことはわからない」と突き放してしまえば、仕事のモチベーションが上がることはない。

「このままでいいのか」という不安は、現状に問題を感じ、自己啓発していきたいと思う意志と結びつく。社員の自社におけるポジションについて、今後どのような可能性とチャンスがあるのかを明確にすることで、キャリア目標を達成しようとする意欲が強くなる。

キャリアプランを示すときは、「頑張ればマネージャー」という曖昧なものではなく、マネージャーに昇格するためには、何をすべきか、どのような実績を作れば昇給するのかをなるべく具体的に示す。具体的に示さなければ、「どうせ無理だろう」という気持ちで終わってしまう。

目標がなく、がむしゃらに働くことには限界がある。「なりたい自分」に到達するためのキャリアプランがなければ、頑張りは持続できない。

社員の能力を適正に評価し、ポジションや待遇面に反映させれば、競争心が増し、仕事への意欲が増す。社員のモチベーションを高く維持するためには、適正な評価と、「なりたい自分」に到達することが実現可能であることが重要だ。「なりたい自分」を目指すことが、仕事の原動力になり、モチベーションアップにつながる。

将来像が見えない会社では、誰も魅力を感じてくれない。社員が実現できる**キャリアプランを具体的に構築し、提示することが、社員の将来への不安を払拭し、モチベーションを高める要因になる。**

やる気をアップさせるポイント

- 誰でもチャンスがある公平なキャリアプランを構築し、提示する
- 「なりたい自分」に到達できるポジション、職務を用意する
- 将来像をイメージさせて、不安を払拭しよう

昇給・昇格制度を明確にせよ

昇給・昇格制度が、社員が理解しやすくなっているか、頑張ればチャンスがあるものになっているかをチェックしてみよう。上司や経営者の采配のみで昇給・昇格が決まる会社があるが、これでは将来像を考えることができず、モチベーションが上がることはない。

能力、実績などを正当に評価できる仕組みを作るためには、職務能力や実績をベースとした評価制度を構築し、昇給・昇格とリンクさせる。

社員は10数年先の将来像をイメージするのではなく、数年先を考えていることが多い。なれるかわからない部長職より、数年先にどのように昇給・昇格できるかをイメージしているのだ。

目標があることでモチベーションが上がることを考えれば、実務能力や実績を評価する制度は、社員のモチベーションを高めるうえで重要になる。

サービス業などでは、立地などで売上が変わるため均等な評価制度が作りにくいと考えている人事担当者もいるが、前年対比などで評価することも可能なはずだ。

社員は正当に評価されることで、さらに頑張ろうと考える。頑張った社員が頑張らない社員と同一の賃金もしくは低いようでは、「できる社員」は定着しない。複雑な等級制度ではなく、誰が見てもわかりやすい制度を構築しよう。少なくても**入社後10年間にどのように昇給・昇格のチャンスがあるかを示せば、やる気のある社員のモチベーションは高まる。**

「頑張れ！」だけでは人は動かない。頑張ったことを正当に評価する仕組みを構築することで、社員のモチベーションを高めよう。

やる気をアップさせるポイント

- 社員を正当に評価する昇給・昇格システムを構築する
- 自社に勤める前提のライフプランを考えられるようにする
- 不公平だと感じたとき、社員のモチベーションは下がる

「クレド」を社員が作成せよ

1997年に大阪の梅田に開業したホテル、ザ・リッツ・カールトン大阪では、全従業員が「クレドカード」を常に所持しているという。「従業員満足とお客様満足の向上が利益をもたらす」という考え方のもと、全従業員が価値観を共有するためだそうだ。

「クレド」は「信条」を意味するが、会社で捉える「クレド」とは「企業理念」「行動理念」という「会社の価値観をまとめたもの」と捉えられる。

私が以前勤務していた「綱八」でも「クレド」を作成した。「綱八の使命は、『お客様満足提供業』＝For Your Dreamsである」「働く仲間の約束」などの項目で構成されている。

経営トップが経営方針を明確にしたうえで、何をするべきか、何が求められているかなどを社員が真剣に考え、社員がクレドを作成する。「クレド」は、社員により作成されることで、社員が責任を持って実行に移すことになる。

上層部が作成したものを押し付けても、社員のモチベーションが高まることはない。**社員が作成した「クレド」をもとに行動しサービスを提供することが、他社との差別化になり独自性のある会社になる。**

社員が共有しない経営方針では、社員のモチベーションは上がらない。社員自ら会社をよくしていくことを考えることが、会社の成長だけでなく社員の能力を向上させる。

会社が伸びるために具体的に何をすべきか、社員自身が考えることで、問題意識、改善意識が芽生え、意欲のある集団に変わっていく。会社の成長と社員の幸せをリンクさせることで、モチベーションが高まり、優秀な人材が定着する土壌ができるのだ。

やる気をアップさせるポイント

- 社員全員の共通理念が、会社を強くする
- 会社の発展と社員の幸せをリンクさせモチベーションを高める
- 他社との差別化と独自性が、社員定着率を高める

実績だけでなくプロセスを評価せよ

実績だけを評価する社風では、人材は育たない。ビジネスとして成果を上げられなくても、そこに至るまでのプロセスを評価し、認めることでチャレンジ精神が養われる。

高い目標を置くと結果を出せないケースがあるが、社員の失敗を批判するだけでは、本人は失敗から学ぶ姿勢をなくし、失敗しないように社内で生きる術だけを身につけてしまう。

プロセスを評価することで、「なぜ失敗したのか」「今後何をすべきか」を社員自ら考え、上司に提案することができるようになる。上司も必要なアドバイスを行い、会社全体として「攻め」の体質が構築できるのだ。

専門知識や経験では「できる人」に太刀打ちできなくても、強い向上心と、ビジネスを成功させたいという強い信念を持っている人がいる。彼らは仕事に対して貪欲で、高いモチベーションを維持している。

成果主義は、会社にとって不可欠な要素だが、結果だけを評価する会社では、社員と会社との信頼関係が崩れ、モチベーションも下がってしまう。**人を育てるためには、自己向上意欲を高め、現状に満足せず、さらに上のステップを目指すような仕組みを構築しなければならない。**失敗を許さず成果第一主義の会社には、モチベーションが低い社員が多い。

失敗は成功の源である。この考え方を全社員で共有できる社風が、モチベーションの高い社員を生み出す結果につながるのだ。

プロセスを評価することで、次のビジネスにつながるヒントを得ることができることを忘れてはならない。

やる気をアップさせるポイント

- プロセスを評価することが、社員のチャレンジ精神を育成する
- チャレンジ精神が、次の仕事へのモチベーションにつながる
- 社員が失敗から学んだことは、次の仕事の糧になる

詳細な職務分析から、適正職務配分を実践せよ

仕事のモチベーションを高めるうえで、社員が適正な業務を行っているかを把握する必要がある。一部の社員が楽をしていると、他の社員に被害者意識が芽生えてしまう。忙しいふりをしている人、のんびりと仕事をしている人、社内でさまざまな社員をみかけたなら、それぞれに適正な職務配分が行われているか、確認をしよう。

あらかじめ社員が個別に行っている職務内容を箇条書きで列挙し、それを番号別にふりわけておく。分析表のフォーマットとして、A４サイズの紙を縦にして、左から30分単位の時間軸を表す項目欄とし、その隣に職務内容欄をやや大きめに作る。そのなかに各社員がどの職務内容に、どれほどの時間をかけているか、人事または上司が記録をしていく。

その記録から時間をかけているわりに、成果の伴っていない社員がいることに気がつくはずだ。人事は全社員の職務分析を回収し、個人別に１週間、

1ヶ月の集計を行い、どれだけの時間がそれぞれの業務に使われているか見極めよう。

事務職の仕事は、労働生産性だけでは判断できない内容もあるが、**会社が利益を生み出す集団だと考えれば、事務職であってもどのように利益貢献しているかを分析する必要がある。**

人事が中心となり職務分析を行うことで、職務内容の調整を行う必要があるかもしれない。「自分だけ忙しい」という被害者意識を打ち消すためにも、適切な職務配分が必要になる。一部の社員の仕事量が極端に多い場合、忙しい社員のモチベーションは間違いなく下がってしまうのだ。

やる気をアップさせるポイント

- 職務分析は、仕事の内容、質、量を見直す絶好の機会だ
- 一部の社員に偏った仕事量を調整する
- 事務職の社員でも利益貢献度で評価できる仕組みを作る

適性を考慮した人事異動を実行せよ

「適材適所」という言葉があるが、能力を活かせる部署に配置し、活躍できる環境を提供できるか否かで、社員のモチベーションは変わる。

人材が不足していると、本人の能力や適性を無視して、不足している人員の穴埋め的な人事異動を行うケースがあるが、これでは人は育たない。新部署に期待し、頑張ろうという本人の意志が大切だ。**適性や能力を無視した人事異動は、社員にとってプラスにならないだけでなく、会社も能力に見合う人材を登用できないデメリットが生じる。**

能力が不足している社員を異動させると、受け入れ先でもその異動を快く思わないことが多い。特に部署ごとに人件費予算が与えられている場合、なぜ能力が不足している社員を配属するのか不信感を抱き、配属部署全体のモチベーションも下がる。

能力が見合わない社員の異動であれば、育てることを第一に考え、人件費予算枠外で、一定期間その社員を育てるためだと配属部署に伝え、指導力を期待していることを告げよう。

仕事がうまくいかないことで、モチベーションは間違いなく下がる。能力不足を棚に上げて、やりたくない仕事だと言って転職を考える人もいる。限られた人材を有効に活用するためには、モチベーションを高める配置、異動を行わなければならない。配属部署の上司に育てるという気持ちがなければ、「できる人」は育たない。

不足しているスキルを習得できるような研修プログラムを構築することで、未経験の部署であってもモチベーションを高めることはできる。

やる気をアップさせるポイント

- 社員のやる気を高める人事異動の仕組みを作る
- 環境により、能力を発揮できないケースを理解する
- 配属部署に育てることの重要性を認識させる

社員の誕生日を祝え

社員のモチベーションは、会社への帰属意識と関連性がある。帰属意識を高めるために社員の誕生会を開くことを検討してみてどうだろうか。

会社は人で成り立つ。企業発展のために社員が努力し、「できる人」に育っていくためには、会社が社員を大切に考えている姿勢を示すことが大切だ。

多くの会社は、慰労会や忘年会を通じて会社の経営方針などを一方的に押し付けるが、これでは社員は「労われる」どころか、ストレスがたまってしまう。社員数の少ない会社ならば、全社員を対象に誕生会を毎月開催すれば、経営者と社員全員の会話が可能になる。社員も誕生日を祝ってもらい、感謝の気持ちとやる気が芽生えるはずだ。

たとえば、毎月1回、誕生月の該当者を集めて食事会を設ける。その帰りに経営者から該当者へお土産を渡す。慰労会や忘年会に、高い料金でホテルの会場を借りるくらいならば、こちらのほうが有効な経費の使い方だ。

これは、経営者が日頃話をする機会のない一般社員と会話をする絶好の機会だが、あくまでも誕生会を祝う会に徹する。社員に楽しんでもらうことを前提に企画をして、社員だけでなく影で支えている派遣社員、パート、アルバイト社員にも参加してもらおう。誕生会を開催するに当たり、年齢を言いたくない社員もいるので、生まれた月を祝う会にする。

社員の日頃の努力で会社が成り立っていると唱える経営者は多いが、どれだけ目に見える形で社員への感謝を示しているだろうか。

誕生会は、経営陣にとって現場の生の声を聞ける絶好の場であり、社員にとっても普段は話ができない経営陣と食事ができるチャンスなのだ。

やる気をアップさせるポイント

- 帰属意識が高まることで、やる気がわきモチベーションが高まる
- 社員を思いやる社風が、仕事への原動力になる
- 誕生会には、派遣社員、パート、アルバイトも参加させる

横のつながりを重視したイベントを行え

支店や店舗が多い会社では、日頃他の社員と出会うことがなく、配属された部署の社員だけのつながりになりがちだ。モチベーションを高めるためには、**会社のスケールメリットを活かし、他部署の社員との関係が密になることで組織力が高まるだけでなく、向上心も芽生える。**

同等のポジションの社員を対象にした研修や勉強会などは、他部署の社員と交流する機会にもなる。店舗などであれば、売上や功績を発表する機会を設け、優秀店舗の表彰を行ってもいい。他店に負けたくないというライバル意識がモチベーションを高め、社員の能力向上だけでなく企業成績も伸びる。

社員同士でネガティブな情報交換が行われることを嫌い、他店や他部署の社員との交流を嫌う経営者がいるが、これでは個人経営の店舗と変わらず、社員が会社のスケールメリットを実感できずに、帰属意識も芽生えない。

ライバル不在の危うさは社員だけでなく会社も同様だ。これといったライバルが存在しないと一時的には安泰かもしれないが、現状に満足してしまい向上心が薄れ、長期的には衰退していく。

新卒採用では、新入社員研修で同期同士の絆が強くまとまっていても、配属部署に同年代の社員がいないと、年齢の離れた社員に気を使い、良好な人間関係が構築できずにストレスがたまることがある。このようなケースでも、定期的に新入社員を研修などで集めると、お互いの部署の情報交換を行うだけでなく、同期に負けたくないという気持ちがモチベーションアップにつながる。

やる気をアップさせるポイント

- 横のつながりから、帰属意識、競争心が芽生える
- 情報を共有することで、強い組織が作れる
- 部署が異なる社員の人的交流は、会社が伸びる要因になる

自らの存在価値を自覚させろ

自らの存在価値を見出せなくなった社員は、会社に必要のない人間だと考え、転職を意識する。転職を考えている社員の気持ちは他社にあり、自社の仕事に対してのモチベーションは低い。会社が必要とする人材であることを示すことは、モチベーションを高めるうえで重要になる。

社員は、頑張ったことに対して褒めてもらいたいし、評価を期待している。「できて当たり前」という考えで、あえて言葉を投げかけない上司がいるが、このような上司のもとでは、「できる人」は育たない。

入社前は、会社にとって必要な人材になってほしいと語っていても、日常業務で必要な存在であることを言葉や態度で表さないことが、モチベーション低下の原因のひとつになっている。実績を出せる社員であれば、周囲も評価し、おのずと自らの存在価値を見出せるが、特に目立たず黙々と仕事をしている社員は、自らの存在価値を見出せず、悶々とした気持ちで仕事をしている。彼らのモチベーションを高めるうえでも、業務を評価し自社で必要な人材であることを認識させることが大切だ。会社のために貢献し、頑張りたいと多くの社員は考えているが、周囲から期待されていないと感じることで、モチベーションが下がり仕事への熱意が失せる。組織で仕事をするうえで、上司や経営者が部下に気を配りかまうことが、部下が自らの存在価値を見出すきっかけとなり、それが頑張ろうという気持ちになるのだ。**仕事に意欲を持ち、前向きにチャレンジしていくためには、自社で必要な社員であることを自覚することがなによりも重要だ。**

日常の仕事ひとつにおいても関心を抱き、大切な役割を担っているという言葉を投げかけることを忘れてはならない。

やる気をアップさせるポイント

- 「できて当たり前」という評価では、人は育たない
- 必要な社員であることを、言葉や態度で示す
- 職務内容に関わらず、貢献度を評価する

「ありがとう」の言葉をかけろ

社員のモチベーションを高めるためにも、「ありがとう」と言葉を投げかけるようにしよう。強い組織を構築するためには社員同士の連携が必要不可欠である。部下や同僚が行った仕事を当たり前のように捉えて感謝の気持ちがなければ、モチベーションの低い組織になってしまう。

社員同士がお互いを尊重し、感謝の気持ちを持っていれば、自然に「ありがとう」という言葉が出るはずだ。部下が仕事をすることを当たり前だと捉えている限り、部下のモチベーションは上がらない。上司の期待に応えたいと頑張っている部下に対して、なぜ「ありがとう」と素直に言えないのだろうか。

殺伐とした人間関係では、社員は育たない。大企業、中小企業を問わず、働く社員のモチベーションが企業力として業績につながる。1日の大半を仕事に費やすなかで、ストレスがたまる職場では頑張ろうという気持ちは芽生えない。社員同士が共感し、相手を認め感謝する社内体制を構築しよう。その

ために は、まずは**上層部の人間から、部下や同僚に対して「ありがとう」と感謝の気持ちを述べる**ことが大切だ。

言葉だけでなく、感謝の意を示すときの表情、しぐさも注意しよう。表情、しぐさは、発する言葉以上に相手に与える印象は大きい。

評価されたい、感謝されたい気持ちは、働く原動力の大切な要因になる。業績が悪いと社内の雰囲気が殺伐としがちだが、仲間として頑張ろうという強い意志を確認するうえでも、社員同士の思いやり、気配り、感謝の気持ちが大切になる。

「ありがとう」と声をかけることの大切さを理解し、すぐに実践しよう。

やる気をアップさせるポイント

- 上層部の人間が率先して「ありがとう」と言葉をかける
- 感謝されている気持ちが、モチベーションを高める
- 社員同士の良好な人間関係が、組織力を強くする

労働条件・待遇面を明確に示せ

新入社員のモチベーションを高めるには、労働条件や待遇面を明確に示すことが大切だ。労働基準法で決められているように、労働条件や賃金は入社前に提示しなければならないが、内定後も曖昧な回答をする会社がある。

最近、私のところに寄せられる相談のなかに「入社後の待遇に不安がある」「面接時の条件と異なる」というものが多い。

ある転職者は、面接で25万円の給与を希望したが、内定時に確認をせずに入社した。入社後採用担当者に確認をしたところ、「社長が決めるから」の一点張りで明確な回答をもらえなかったという。これでは、新入社員が会社のために頑張ろうという気持ちにはなれず、不信感を抱くだけだ。

試用期間を見て判断する会社もあるが、入社前に給与を把握できず、数ヶ月の試用期間で給与が決まるようでは、よほど自信がある転職者でない限り、モチベーションは高まらない。

労働条件や待遇面が入社前の提示と異なる場合、採用担当者に問題がある。採用とは、単に採用試験を行うことではなく、採用後に貢献できる人材を確保することだ。**社員が入社直後に労働条件や待遇面に不信感を抱くようでは、モチベーションを引き出すことなどできない。**

新入社員から待遇面や労働条件について、不信感を抱いてもなかなか問えない状況を理解しよう。入社前の提示額と1円違っても「話が違う」と不信になる気持ちを把握できなければ、「できる人」は育たない。

社員は、会社と信頼関係を構築することで、会社のために尽くそうという気持ちになるのだ。

やる気をアップさせるポイント

- 入社前に労働条件、待遇面を明示しよう
- 労働条件、待遇面の疑問は、新入社員から切り出せない
- 労働条件や待遇の不満は会社との信頼関係を損なう

完璧な受け入れ態勢で迎えろ

新入社員が自社で貢献できる人材として育つかどうかは、入社日に決まるといっても過言ではない。新卒、転職者の新入社員にとって、初日は緊張と期待感で出社するが、既存社員が新入社員の入社を心待ちにし、共に頑張ろうという姿勢を示さなければ、せっかくの期待感もしぼんでしまう。

そのためには、入社日に事務用品などの備品をきちんと用意し、入社を歓迎している姿勢を示すべきだ。入社日に、名刺、電卓、モノサシ、社内組織図などがきちんと準備され、机も整理されていると、新入社員は歓迎されていると実感し、「この会社で頑張ろう」という気持ちになる。一方、新入社員が入社してくることも知らず、備品類や机などを入社日に慌てて準備しているようでは、本当にこの会社でよかったのか疑問を持つ。

転職者に対して研修プログラムを用意せず「初日ですから、のんびりしていてください」という人事がいるが、何もすることがない新入社員の苦痛をまったく理解せず、人事の仕事を放棄しているだけにすぎない。

入社日に関係部署の長から説明を受け、担当者が親身に既存社員を紹介すれば、仲間として受け入れられている空気を感じ、頑張ろうという気持ちになる。貢献できる人材を育成したいと考えるならば、新入社員の気持ちを疎かにしてはならない。新入社員に1日も早く会社を理解してもらうための研修や、配属部署や関連部署の長が業務内容を説明する時間を設けることは、どの会社でもできるはずだ。

他部署だから関係ない、**配属したから関係ないと考える人事担当者は新入社員の孤独感や不安感を理解できない人だ。**曖昧な「頑張ってください」という一言で終わらせてはならない。

やる気をアップさせるポイント

- 新入社員を歓迎する姿勢が、彼らのモチベーションを高める
- 必要な備品類だけでなく、名刺を入社日に用意しよう
- 「頑張ってください」だけでは、励ましの言葉とは言えない

□ 社会保険関連書類

健康保険、年金の手続きは、できるかぎり速やかに行う。

入社前に書類をもらえば、最短で健康保険を渡せる。新入社員にとって、いつ頃もらえるか不安を抱くことが多い。

□ 名前を記入したタイムカード

新入社員に名前を書かせたり、目の前で書き込むのではなく、事前に準備をしておく。些細なことだが、事前に用意されていることで、歓迎されていることを実感する。

□ ユニフォーム

必要な場合、クリーニングしたものを用意しよう。サイズがわからなければ、入社前に確認をしておく。

□ パソコン

会社から社員に専用のパソコンを貸与している場合、当日渡す。前使用者のデータが残っていないか事前に確認をする。

□ 電話

社員一人に1台ある場合は、準備する。内線番号表も用意する。

□ 湯のみ

各自湯のみを用意している場合は別だが、会社で揃えている場合は準備する。

□ 社内報

最近の社内報を用意しておくと、新入社員は興味を持つ。

□ 定期券

定期券を現物支給している場合は、入社日に渡す。

新入社員受け入れ態勢チェックリスト

□ 新入社員の名刺

自分の名刺が入社日にできあがっていると、期待されていると実感し意欲がわく。

□ 机

新品でなくてもかまわないので、整頓された机を用意しよう。

□ イス

新品でなくてもかまわないので、肘掛イスを提供すると新入社員は嬉しい。

入社日に慌てて倉庫から出すようでは、モチベーションは下がる。

□ 電卓、モノサシ、ボールペン、レポート用紙

何も用意せず「必要なものは申請してください」では、モチベーションは下がる。新入社員が机を開けたとき、備品がきちんと準備されていると、歓迎されていることを実感する。

□ 名札、ネームホルダー

写真が必要な場合、入社前に撮影しておくと、入社日当日に渡せる。

□ 座席表・組織図

新入社員にとって、短時間で名前を覚えるのは大変だ。座席表にフリガナ、役職を入れよう。社内組織図があれば、初日に渡そう。

□ 就業規則・賃金規程・退職金規程

社員が各々所持している会社は、入社日に一式用意する。用意するだけでなく担当者がきちんと説明をする。

ブラザー、シスター制度を活用せよ

若い社員が入社した際、年齢が離れている職場の上司では、質問や相談がしにくい状況が生まれる。わからないことが聞けない状態は、新入社員にとって大きなストレスになる。

そこで新入社員と比較的年齢の近い社員をブラザー、シスターとして、新入社員の面倒を見させる仕組みを導入しよう。これは指導や相談にのるブラザー、シスターにとっても先輩社員としての自覚を高める効果がある。

ブラザー、シスターは年齢が近いだけに、同様の悩みを解決した経験を持つことも多い。**ブラザー、シスターになる人に求められるのは、新入社員に対しての気配り、先輩としての意識と役割だ。**ただし、ブラザー、シスターが会社に対して批判的な考え方を持っていると、新入社員に悪影響を及ぼすことがあるので注意しよう。会話がしにくい部署であれば、ブラザー、シスターと新入社員の間で連絡ノートを用意してもいい。

ブラザー、シスターから状況を報告させるシートを作成すれば、先輩社員のリーダーシップが養える。シートには、「先輩社員が新入社員から相談や質問を受けた内容」「質問に対しての回答」「上司のフォローが必要な内容」「現在の新入社員の様子」などの項目を盛り込むといい。

新入社員が入社する前に、ブラザー、シスターに任命された人のミーティングを行い、意義と役割を説明しよう。

新入社員に対してうまくフォローし成長している場合は、**新入社員を褒めるだけでなく、ブラザー、シスターを評価することを忘れてはならない。**

やる気をアップさせるポイント

- ブラザー、シスター制度を活用し、新入社員を育てる
- ブラザー、シスター制度で、先輩社員としての自覚を促す
- 新入社員が抱えている悩みや不安を、気軽に相談できる環境にする

◉ブラザー、シスター チェック表(週報)

月　　日記入（週末に記入）

ブラザー、シスター チェック表

新入社員氏名＿＿＿＿＿＿＿＿　　記入者氏名＿＿＿＿＿＿＿＿

記入者→上司（　　　　　）→人事部

＊新入社員の状況について記載してください。

・遅刻、欠勤がない　Yes　No

Noの場合 具体的な内容と対応

（　　　　　　　　　　　　　　　　）

・出勤時に元気に挨拶できる　Yes　No

Noの場合 具体的な内容と対応

（　　　　　　　　　　　　　　　　）

・仕事に対して熱意を感じる　Yes　No

Noの場合 具体的な内容と対応

（　　　　　　　　　　　　　　　　）

・他の社員と良好な人間関係を構築している　Yes　No

Noの場合 具体的な内容と対応

（　　　　　　　　　　　　　　　　）

・先輩社員の支持に素直に従う　Yes　No

Noの場合 具体的な内容と対応

（　　　　　　　　　　　　　　　　）

・職務を順調に習得している　Yes　No

Noの場合 具体的な内容と対応

（　　　　　　　　　　　　　　　　）

・報告・連絡・相談を適確に行う　Yes　No

Noの場合 具体的な内容と対応

（　　　　　　　　　　　　　　　　）

・本人から業務上の悩み・相談を聞いている　Yes　No

Yesの場合 具体的な内容と対応

（　　　　　　　　　　　　　　　　）

・本人からプライベート上の悩みを聞いている　Yes　No

Yesの場合 具体的な内容と対応

（　　　　　　　　　　　　　　　　）

上司のフォローが必要なこと

上司のコメント

◉新入社員状況報告書

提出日　　年　　月　　日

新入社員状況報告書

対象者＿＿＿＿＿＿＿＿

報告者＿＿＿＿＿＿＿＿

1.新入社員から相談されたこととアドバイスを記載してください。

相談内容

アドバイス（結果）

相談内容

アドバイス（結果）

相談内容

アドバイス（結果）

2.上記の相談内容でフォローが必要な場合記載してください。

3.ブラザー、シスターとして、現在の状況を報告してください。

入社初日・1週間後・1ヶ月後・3ヶ月後のフォローを忘れるな

新入社員が既存社員とうまくなじみ、実力を発揮するようになるには、本人が孤独感を感じないようにしなければならない。優秀な人材でも環境に溶け込めなければモチベーションは上がらず、能力を発揮できない。

新入社員が入社すると普段それほど忙しくない社員まで忙しいふりをして、新入社員とさほど会話をせずに月日が過ぎていくことがあるが、このような会社では新入社員は転職を考えるだろう。

新入社員の扱いは配属部署に任せっきりにせず、人事が率先して新入社員と会話をすべきだ。入社初日就業後、今日1日の仕事はどうだったか、疑問や不安に感じたことがなかったか、回答だけでなく表情も見極めよう。

新入社員は、初日に入社が間違いでなかったかを自問自答する。1週間経過すると、少しずつ環境に慣れてきて考える時間ができる。1ヶ月、3ヶ月後には、社内の人間関係や仕事の将来性などが見えてくる時期で、このまま勤務していくべきか悩むことになる。

1週間目は配属部署になじんでいるかチェックを行い、1ヶ月後は配属部署の長と共に1ヶ月を振り返り今後の課題を提供しよう。この頃には組織にもなじむので、今後伸びる人材かどうかを見極めることが可能だ。

入社後3ヶ月経過した時点で、新入社員が主体となり既存社員に対してスピーチなどを行う場を設けてみよう。新卒者であれば現在感じていること、転職者であれば前職の経験を話してもらうのもいい。既存社員に対して発表する場を設けることで、お互いの距離がなくなり、仲間として親近感が増す。

やる気をアップさせるポイント

- 新入社員の定期的なフォローから、気持ちをくみ取り対処する
- 新入社員が活躍できる場を設定しよう
- 新入社員の態度、表情が入社前と異なる場合、カウンセリングをする

女性社員には、ワンセンテンスの言葉で終わらせるな

女性社員だからといってモチベーションを高めるために特別な配慮は必要ないが、ここからは仕事における女性社員特有のパターンについて考えてみよう。

一般的に男性は結論を重視し、過程を詳しく話さない傾向がある。**女性の部下に結論だけ述べてもモチベーションは上がらない。**

女性社員は、プロセスをきちんと把握し納得したうえで、仕事を行うことが多い。一方男性社員は結果オーライで、結果がよければそこに至るまでの過程を重視しない。男性社員から女性社員に説明をするとき、論理立てて相手が納得するように説明しなければ、女性は仕事に疑問を持ち、思うような結果を出さないことがある。

女性は、男性以上にコミュニケーションを大切にする。男性が不要だと思う内容でも、女性にとっては重要なファクターになることもある。女性社員

に対する説明では、相手が納得しているか、表情や態度も含めて見極めてみよう。「～をお願いします」だけでは、女性社員の理解を得られず、仕方なく仕事を行うケースもある。

指示や説明は、話す相手がいくら理解していても、相手が納得しなければ意味がない。**言葉を端折らず丁寧に説明すると、女性社員は期待に応えようと精一杯努力をする。**

女性社員は、男性社員以上に周囲の人間を気にする傾向もある。頼みやすい女性社員にばかり仕事を任せていると、仕事量の違いが不満になることもある。依頼する相手だからこそ、この仕事は適しているという説明も含めて、仕事をただ押し付けるだけでなく、きちんと説明をすることが大切だ。

やる気をアップさせるポイント

- 女性社員への説明は、結論だけでなくプロセスの説明が重要
- 女性社員の能力を評価したうえで依頼していることを示す
- 能動的に仕事に取り組めるよう、仕事の目的をきちんと説明する

「女性だから」という敷居を設けない

これからは女性社員を活用できない会社に、発展は期待できない。男性と女性に敷居を設けている会社では、優秀な女性社員は育たない。社員のモチベーションが高い会社は、企業貢献できる社員が多く、仕事に熱意と情熱を持って取り組んでいる。

女性社員との接し方において、事務的な会話しかできない人、逆に機嫌を取ろうと馴れ馴れしく接する人がいるが、**女性社員だという敷居を設けず、ビジネスの成功に向けての仲間だという意識で、仕事を行うことが大切だ。**

女性社員は結婚したら退職するものだという社風は、男性と女性で敷居を設けている会社に多い。形だけの再雇用制度はあっても、誰も活用したことがない会社であれば、女性社員が自社において将来像を描くことはできない。社員のモチベーションは、自社の発展と共に自分も成長してきたいという要因が大きい。いずれ辞めるからという気持ちでは、やる気は起きない。

昇給・昇格の制度が男性と女性で異なる会社があるが、このような会社も今後発展は望めないだろう。男女分け隔てなく、優秀な人材を登用していく企業体質でなければ、女性社員の成長が期待できないだけでなく、優秀な新入社員を採用できない。女性が活躍している現実を真摯に捉えて、女性社員だから昇格できない風土を払拭しよう。

私が勤務していた「綱八」では、女性の天ぷら職人を新卒で採用したが、きめ細かな配慮ができる優秀な天ぷら職人になり、店長として活躍している。女性だからといって敷居を設ける必要はない。

やる気をアップさせるポイント

- 男女分け隔てなく接することを心がける
- 昇給・昇格において、男女の格差をつけない
- 女性が活躍できる組織を構築し、実行する

女性社員には、さりげない気遣いをせよ

さりげない気遣いが、女性社員のモチベーションを高める。仕事を依頼したときの感謝の言葉だけでなく、残業などで仕事が遅くなったときなど、さりげなく「遅くまでありがとう」と声をかけることは、良好な人間関係を構築するうえでも大切だ。

女性社員は、モチベーションが下がると他の社員と共に、会社批判、上司批判を行うケースがあるが、さりげない気遣いを忘れた職場に多い。

頑張っていることを見てもらいたいという気持ちを無視して、当たり前のように接していれば、女性だけに限らずモチベーションは下がってしまう。

気遣いができる社員は、周囲の協力を得ることができ実力を発揮するケースが多いが、彼らは相手の気持ちをくみ取り、言葉、表情、態度で示すことを常に考えている。

営業で外出したとき、さりげなく話題のスイーツを買ってくるなどの気配

りもときには必要だ。

「最近顔色が悪いね。何かあったの?」「元気?」などの言葉を部下の女性社員に投げかける上司がいるが、このような言葉をかけられても返答に困ってしまう。質問を投げかけるのであれば、相手が返答できる質問をする気遣いをしなければならない。

たとえば、元気のない女性社員に飼っているペットの写真を何気なく見せると、「かわいいですね」など、言葉を返すことができる。**さりげない気遣いができる社員に対して、女性社員は好感を持つ。**会社の繁栄は、女性社員の能力で大きく左右される。女性社員が気持ちよく働ける環境を構築するうえでも、さりげない気遣いは重要だ。

やる気をアップさせるポイント

- さりげない気遣いが、モチベーションを高める
- 相手が返答に困るような気遣いは、慎む
- 気遣いができる上司のもとで、優秀な部下は育つ

女性社員の、感情の起伏を冷静に受け止めろ

女性社員だけではないが、前日まで元気に仕事をしていた人が、翌日ふさぎ込んでいるケースがある。業務中でも急に不機嫌な態度や表情になることもあるが、このようなとき、ふさぎ込んでいる態度や、不機嫌な表情を厳しく叱責してはならない。

プライベートを社内に持ち込むことはよくないが、女性社員のなかには仕事に関連しない理由で動揺することがある。急に女性社員の態度が変わったからといって、「どうしたの？」と質問をしても「何でもありません！」と冷たく回答されてしまうだろう。

特別な理由が思い当たらず、ふさぎ込んだ状態が長く続く場合は、さりげなく理由を聞くことは問題ないが、しばらく時間が経過してからのほうがいい。女性社員の態度が急に悪くなると、何気ない男性社員の一言が、さらに女性社員を傷つけることもある。相手を傷つけた場合は、速やかに謝ること

は大切だが、理由がわからず女性社員の感情が乱れている場合は、多少時間を置くことで落ち着きを取り戻すこともある。

感情の起伏が激しい女性社員は、仕事への思いが強いケースも考えられる。**真面目に取り組んでいる社員が、上司の冷たい一言や納得できない行動で傷ついてしまう**のだ。

女性社員を温かく見守る寛大さが、上司には求められる。女性社員の態度や表情に一喜一憂せず、ときには黙って放っておくことも考えてみよう。女性社員のモチベーションを高めるためには、相手を理解し包み込むように接することだ。感情の起伏に左右されず、よき理解者として接しよう。

やる気をアップさせるポイント

- 感情の起伏に同様せず、冷静に対応する
- 日頃からよき理解者として、接する
- 態度や表情の変化を、しつように問い詰めない

COLUMN

情報を共有することで組織が強くなる

ビジネスは、現在好調だからといって気を抜けばすぐに衰退してしまう。常にライバル会社は、他社のよい面を取り入れそれ以上のサービスや商品を提供しようと考えている。経営陣が状況を理解していても社員に危機感がない会社、逆に社員は把握していても経営陣が現実をつかんでいない会社もある。情報を共有しないと、気がついたときはどうしようもない状況に陥ってしまう。

うまくいかないときこそ、全社員が同一の目標に向けて頑張るチャンスである。うまくいかない状況は、成功に向かう過程だと捉えて、問題を転嫁せず自らの問題だと真摯に受け止め、情報を共有し改善策を必死に考えれば、解決策は必ず見つかるはずだ。

第4章

「できない人」を「できる人」に育てるスキルアップ術

スキルアップにつながるシステムを構築せよ

「頑張ります！」と元気がよくても、スキルが伴わない人がいる。自分のスキルが足りないと感じていても改善しようとしない社員は、「できる人」にはならない。

スキルや知識が不足している「できない人」を「できる人」に変えるために、会社は社員のスキル不足を黙認してはならない。スキルの重要性を常時社員に意識させて、向上させる仕組みを構築しよう。

社員のスキルを高めるためには、人事が教育システムを構築し、社員がスキルを向上できる仕組みが大切だ。社員の現在のスキルと、目標とするスキルを人事が把握していれば、適材適所の人事異動が行える。会社がスキルアップを推奨し、業務と関連するスキルや資格取得が給与や昇格に結びつけば、社員のモチベーションが上がり定着率もよくなる。

資格やビジネス講座に通う社員のなかには、現在勤務している会社で活かすスキルではなく、転職を考えた将来の投資として考えている場合がある。自社でスキルアップを評価する風土があれば、社員全体のレベルを底上げでき、社員はいきいきと仕事を行う。

私は、転職希望者に対して、「スキルアップは会社に頼らず、自ら行わなければならない」とアドバイスするが、転職希望者は、応募企業の研修システムに興味を持っている。優秀な人材を確保するためにも、応募者に説明できるシステムを構築しよう。

社員それぞれがスキルの重要性を認識し、会社は社員のスキルアップのために後押ししなければならない。

能力をアップさせるポイント

- 社員のスキルを高めるための仕組みを構築する
- 人事は、社員のスキルを常時把握する
- 社員自ら、現状のスキルを把握し、向上させる意識を持たせる

不足しているスキル、経験を自覚させろ

不足しているスキルをそのまま放置していては、本人のためにならないどころか、会社にとって大きな損失になる。現状の社員の能力で会社が安泰であれば、社員のスキルアップは必要ないかもしれないが、企業間競争が激化しているなかで、社員のスキル不足は致命的な問題になる。

「できる人」であれば問題意識を持ち、自主的に努力をするが、多くの人は日々の仕事に追われながら、誰からも文句を言われず、給与をもらえる環境にどっぷりつかってしまう。3ヶ月、6ヶ月、1年の間で、どのようにスキルアップしているかを、本人、上司、会社が把握すべきであり、問題があれば期限を決めてでも、本人にスキルを習得してもらう必要がある。

社員がキャリアアップの必要性を意識できていればいいが、「できない人」は、常に会社の命令で「やらされている」という気持ちになりがちだ。受身で仕事をする体制から、**スキル習得を昇給・昇格の条件にする仕組みを検討しよ**

う。社員の能力が高まるだけでなく、能力に反映して給与も増えるという喜びからモチベーションが高まる。給与体系は、一定の年齢まで年齢給をベースにするとしても、それ以降はスキルや能力を評価し反映させるシステムが求められる。

「できない人」のなかには、「どうせ頑張っても評価されないから……」と考えてしまい努力をしない人がいるが、スキルアップにより努力が報われる仕組みが明確であれば、がむしゃらに頑張るだろう。年功序列型の定時昇給で給与がアップする制度では、今後は他社との競争に勝ち抜いていけない。

漠然と「できる、できない」と評価するのではなく、体系的かつ公平に社員のスキルを管理できるようにしよう。

能力をアップさせるポイント

- スキルアップ制度を構築し、社員のスキルを高める
- スキルや能力を、給与、昇格に反映させる
- 給与制度を、能力主義にシフトする

キャリアシートを活用せよ

社員の職務能力について、本人だけでなく人事担当者、経営者が把握し、不足しているスキルを補う仕組みを構築するためにキャリアシートを活用しよう。それぞれの配属部署で求められるスキルが何なのかを明確に把握したうえで、社員を評価することが大切だ。人事考課は、部署ごとのスキルではなく全社で共通する曖昧な内容で行っている会社が多いが、キャリアシートは、考課ではなくスキルアップを目的として実施する。

各部署で求められる技術力、事務能力、接客能力などをキャリアシートで明確にすれば、社員が何をすべきかが見えてきて、到達すべき目標も明確になる。

キャリアシートは、できれば3ヶ月、もしくは半年に1度、社員本人とその上司が各々チェックし、両者ですりあわせを行う。部下ができていると考えているスキルが未熟な場合や、その逆もありえる。上司が部下のスキルに注意を払うことで、お互いの信頼関係も高まる。

日常業務に追われていると、社員各々のスキルチェックが曖昧になり、できていること、できていないことが曖昧になり、ハードルをクリアしようとする意欲が失せるが、**定期的にキャリアシートを活用し、本人と上司がチェックすることで、スキルアップが可能になる。**

「あいつは使えない」「あいつは優秀だ」と部下を評価する上司は、その部下のどの部分が使えないのか、優れているのか明快に語れないことがある。

キャリアシートを活用し、部下のスキルの進歩の状況を上司が把握し、アドバイスを行える体制を構築しよう。

能力をアップさせるポイント

- キャリアシートは、本人、上司、人事で共有する
- 部署、部門ごとに綿密なキャリアシートを作成する
- キャリアシートを活用し、部下と上司の意思疎通を行う

◉キャリアシートサンプル（接客）

キャリアシート（接客）

氏名（本人）＿＿＿＿＿＿＿＿＿＿

氏名（上司）＿＿＿＿＿＿＿＿＿＿

3ヵ月後の目標（　年　月記入）

（　　　　　　　　　　　　　　　　　　　　　　　　　　　　）

目標が達成されたか（　年　月記入）

（　　　　　　　　　　　　　　　　　　　　　　　　　　　　）

6ヵ月後の目標（　年　月記入）

（　　　　　　　　　　　　　　　　　　　　　　　　　　　　）

目標が達成されたか（　年　月記入）

（　　　　　　　　　　　　　　　　　　　　　　　　　　　　）

できている項目に○、できていない項目×を記入→本人が記入後上司に提出→備考欄に上司のコメントを記入

	年　月		年　月		
項目	本人	上司	本人	上司	備考
笑顔で対応対等できる					
挨拶ができる					
声のトーンが適確である					
背筋が伸びている					
制服が汚れていない					
髪型が乱れていない					
爪が伸びていない					
状況に応じた接客ができる					
商品知識がある					
顧客の要望を把握できる					
クレーム対応ができる					
固定客をつかんでいる					
日報・報告書が書ける					
問題改善意識がある					

◉キャリアシートサンプル(パソコンスキル)

キャリアシート(パソコンスキル編)

氏名(本人)＿＿＿＿＿＿＿＿＿＿

氏名(上司)＿＿＿＿＿＿＿＿＿＿

3ヵ月後の目標(　年　月記入)

(　　　　　　　　　　　　　　　　　　　　　)

目標が達成されたか(　年　月記入)

(　　　　　　　　　　　　　　　　　　　　　)

6ヵ月後の目標(　年　月記入)

(　　　　　　　　　　　　　　　　　　　　　)

目標が達成されたか(　年　月記入)

(　　　　　　　　　　　　　　　　　　　　　)

できている項目に○、できていない項目×を記入→本人が記入後上司に提出→備考欄に上司のコメントを記入

	年　月		年　月		
項目	本人	上司	本人	上司	備考
パソコン基本操作					
文字入力のスピード					
ビジネス文書作成					
表の作成					
テンプレート活用					
四則計算					
絶対参照・相対参照					
集計表作成					
ピボットテーブル					
グラフ					
VLOOKUP 関数					
オートフィルター					
マクロ					
データベース作成					

◉キャリアシートサンプル（経理）

キャリアシート（経理）

氏名（本人）＿＿＿＿＿＿＿＿＿＿

氏名（上司）＿＿＿＿＿＿＿＿＿＿

3ヵ月後の目標（　年　月記入）

（　　　　　　　　　　　　　　　　　　　　）

目標が達成されたか（　年　月記入）

（　　　　　　　　　　　　　　　　　　　　）

6ヵ月後の目標（　年　月記入）

（　　　　　　　　　　　　　　　　　　　　）

目標が達成されたか（　年　月記入）

（　　　　　　　　　　　　　　　　　　　　）

できている項目に○、できていない項目×を記入→本人が記入後上司に提出→備考欄に上司のコメントを記入

	年　月		年　月		
項目	本人	上司	本人	上司	備考
伝票作成					
伝票入力					
月次試算表作成					
月次管理表作成					
支払処理					
入金処理					
売掛金管理					
買掛金管理					
小口精算					
請求書発行					
決算処理					
科目内訳書作成					
付属明細書作成					
業務改善					

◉キャリアシートサンプル(総務)

キャリアシート(総務)

氏名(本人)＿＿＿＿＿＿＿＿＿＿

氏名(上司)＿＿＿＿＿＿＿＿＿＿

3ヵ月後の目標(　年　月記入)

(　　　　　　　　　　　　　　　　　　　　)

目標が達成されたか(　年　月記入)

(　　　　　　　　　　　　　　　　　　　　)

6ヵ月後の目標(　年　月記入)

(　　　　　　　　　　　　　　　　　　　　)

目標が達成されたか(　年　月記入)

(　　　　　　　　　　　　　　　　　　　　)

できている項目に○、できていない項目×を記入→本人が記入後上司に提出→備考欄に上司のコメントを記入

	年　月		年　月		
項目	本人	上司	本人	上司	備考
来客応対					
電話応対					
備品管理					
社有車管理					
就業規則作成・管理					
社内報作成					
株主総会準備					
書類管理					
議事録作成					
秘書業務					
社内行事運営					
システム管理					
WEB 管理					
業務改善					

目標管理を徹底せよ

キャリアシートは実務面におけるスキルの進捗状況を掌握するものだが、目標管理はスキルを活かして貢献できる目標を自ら考え、上司の指示をあおぎながら能力を高めていくツールだ。

スキルは個人の要素が強いが、目標管理は企業貢献度をチェックする。優秀な人材でも能力を発揮せずに企業貢献できなければ、「できない人」なのだ。業務により期間は異なるが、半年後もしくは1年後の目標を管理する仕組みを構築しよう。

日常の仕事に流されて業務目標が疎かになると、仕事がマンネリ化しモチベーションが下がるだけでなく、スキルそのものが落ちてしまう。目標を明確にすることで達成意欲がわき、不足している能力は自ら補おうとする。

6ケ月後に達成する目標を各自が記載し、上司がチェックする。

6ケ月経過した時点で本人が記載したものに対し、上司と部下が結果を検証し、上司がコメントを入れる。同時に次の6ヶ月後の目標に向けて目標を記載するという繰り返しを行っていく。目標を達成したときの喜びを感じるだけでなく、達成できないときの改善策を打つことで、スキルが高まり会社貢献できる人材が育つ。

目標管理を行ううえでは、上司の役割が重要であり、**状況を把握しながら部下とのコミュニケーションを通じて、達成に向けてアドバイス、指示を行おう。**無理やり目標を書かせても効果は期待できない。目標管理シートも踏まえて人事考課を行うことで、社員の真剣さが増すこともある。勤続年数に関わらず、会社で果たす役割が必ずあり、社員が認識し実行することが会社の繁栄につながる。目標があるからこそ、達成しようという意欲がわく。

能力をアップさせるポイント

- 個人の果たすべき目標を明確にし、結果を検証する
- 6ヶ月経過後、現状を踏まえて新たな目標を設定する
- 上司が目標に基づき適切なアドバイス、指示を行う

◉目標管理シートサンプル

目標管理シート(6ヶ月)

記入者氏名＿＿＿＿＿＿＿＿＿＿

上司氏名　＿＿＿＿＿＿＿＿＿＿

年　　月　〜　年　　月

6ヶ月後の目標

結果

結果に対する反省・改善事項

上司コメント

年　　月　〜　年　　月

6ヶ月後の目標

結果

結果に対する反省・改善事項

上司コメント

COLUMN

採用時に「できる人」を見極める

できる社員を育てるためには、「できる人」になり得る人を採ることが大切だ。本人の能力だけでなく、自社への思い、将来のビジョンなどを見極め、仲間として受け入れられる人材かどうかをチェックする。

採用では、求める業務についてのスキルや適性を重視しがちだが、スキルがあってもモチベーションが低い社員では活躍が期待できない。自社のよい面だけでなく、厳しい部分も把握したうえで、頑張りたいという社員であれば、多少能力が劣っていても、本人の自助努力でスキルは高まる。

多くの会社のなかから、なぜ当社を選んだのかを明快に語ることができる応募者は、「できる人」になる可能性が充分ある人材である。

ＯＪＴ制度を確立し、成果をフィードバックせよ

仕事の現場で必要な知識や技術を覚える研修、「オン・ザ・ジョブ・トレーニング（On the Job Training：略してＯＪＴ）」を実施している会社は多いが、研修の成果を分析している会社は少ない。会社によっては、新入社員をいきなり現場に配属し、社員の教育を現場任せにする。

現場で新入社員の受け入れ態勢が整っていないと、新入社員に目先の仕事を与えるだけで、フォローや指導を行わない。これではＯＪＴがうまく機能しているとは言いがたい。現場を知るためには、あらゆる仕事を体験させるのは大切だが、**受け入れ側に「トレーニング」の認識がなければ、スキルが高まることはない。**

ＯＪＴは原則として、トレーニング責任者を定め、人事はトレーニング責任者研修を行い、教育の重要性、指導方法などを徹底させなければならない。トレーニング初日、新入社員にトレーニングの流れについて説明を行い、

トレーニングの目的と目標を理解させることが必要だ。そしてトレーニング終了後、新入社員に感想を聞き、**トレーニング責任者と人事は情報を共有し、問題があれば速やかに対処する。**

キャリアシートを活用すれば、社員は自分のスキルで不足している部分や今後習得すべき業務が把握できる。OJTがうまくいっている会社は、社員にスキル達成意欲と目標達成意欲がある。OJTは、社員とその上司、トレーニング責任者、人事が一体となって初めて成功する。「社員を育てる」気持ちがスキルの向上だけでなく、高い業績を生み出す原動力になるのだ。

能力をアップさせるポイント

- OJTには、トレーニング責任者を定める
- トレーニング責任者と人事が情報を共有して問題に対処する
- 社員を育てる愛情が躍進の原動力になる

O. J. T. 報告書

該当者＿＿＿＿＿＿＿＿　トレーナー＿＿＿＿＿＿＿＿＿＿

責任者＿＿＿＿＿＿＿＿　期間　　年　月　日～　年　月　日

トレーニングテーマ

1.＿＿＿＿＿＿＿＿＿＿＿＿＿＿＿＿＿＿＿＿

進捗状況

2.＿＿＿＿＿＿＿＿＿＿＿＿＿＿＿＿＿＿＿＿

進捗状況

3.＿＿＿＿＿＿＿＿＿＿＿＿＿＿＿＿＿＿＿＿

進捗状況

トレーナー所見

責任者所見

人事所見

COLUMN

憧れだけで転職を考える人

会社を辞めたいという人のなかには、本人の適性や能力を考えず、憧れだけで転職したいという人がいる。就きたい職種を真剣に考えることは間違いではない。しかし現実を顧みず夢を追いかけているだけでは、どの会社でも成功しない。学生時代ならともかく、社会人であれば現実を踏まえたうえで、「なりたい自分」を考えることが必要なのだ。

現実から逃避したい気持ちから、仕事の詳細を理解せず、カッコイイという安易な気持ちで転職を考える人もいる。夢を実現できる人は、黙々と夢に向けて頑張る人だ。努力もせず、与えられることだけを考えている人は、考えと行動が一致しない。仕事の厳しさ、楽しさを語れる上司が周りにいると、本人も現実を自覚することができるのである。

仕事の進め方をデータベース化せよ

会社を成長させ、社員のレベルアップを図るためには、仕事の進め方やマネジメント方法などをデータベース化し、情報を社員が共有することが必要不可欠だ。

自社独自のノウハウや経験が会社の財産であり、競争社会において独自性を打ち出す最大の武器になるが、情報流出を懸念し、なかなかオープンにしないのが現状だろう。しかし、これらのノウハウを元にした日常業務のオペレーションを共有することは、新たに別の社員が業務を行う際、短期間で戦力となることが期待できる。

仕事のプロセス、問題点、自社独自の進め方などがデータベース化されていれば、同様の問題が起きたとき速やかに対処できる。営業であれば、成功事例、失敗事例、営業戦略などを共有の情報として持つようにする。個人営業とは異なる情報を活かした組織力を発揮することが大切だ。

社員が退職する際、後任社員のために仕事に関する引継ぎ書を作成するが、データベース化されていれば新たに引継ぎ書を作成せずに、必要な項目を加える作業だけでデータベースが更新され、後任社員もすぐに戦力となる。

業務が細分化され、より専門性が求められる現在だからこそ、見れば誰でもスペシャリストとして活躍できる教本が必要になり、会社の財産になる。

データベースを構築するためには、詳細の職務分析、職務遂行プロセスをそれぞれの部署から抽出する必要がある。初期段階は、手間と時間がかかる作業だが、会社の目に見えない財産を形として構築するプロジェクトは、経営者が率先して、社運を賭けて行うことに匹敵する大切なプロジェクトだ。

能力をアップさせるポイント

- 仕事のプロセス、遂行方法をデータベース化する
- 情報を共有することで社員のスキルが高まる
- 情報の共有化により業務の適切な対応が速やかにできる

資格推奨制度、等級制度を確立せよ

一定の年齢まで年齢給がベースの給与制度を採用している会社は多いが、能力に関係なく昇給するシステムでは、今後会社の発展は期待できない。

能力に関係なく昇給するシステムでは、現状に問題意識を持たず、自助努力をしない人材が増えていく。能力のある人材は転職してしまうだろう。

年齢給の昇給部分を能力給や技能給に回して、実力主義の給与体系を構築することを検討しよう。実力主義の給与体系では、年齢にとらわれず、実力のある社員がそれに見合う報酬を得ることが可能になる。同時にそれぞれの業務に必要な資格を選定し、名目だけの資格手当ではない金額を支給しよう。

資格手当は、給与担当者の管理がわずらわしいため実施していない会社も多いが、重要なことは担当者の仕事量ではなく、社員がどれだけ向上心を持って仕事に取り組み、スキルを高めていくことができるかという点だ。

社員が業務に必要な資格取得を目指せば、プロとしての意識が高まり、技能や

知識で他社と差別化できる。同僚同士でもライバル心が芽生える。転職者の多くは、自分のキャリアアップを転職理由に上げるが、転職先でも日常業務に忙しいだけの日々を送っていれば、スキルを高めたいという気持ちは失せてしまう。

社員の実績や能力を適正に評価し、社員が納得できる給与システムを構築しなければ、人材を会社の財産として活用していくことは不可能だろう。

資格取得に自信がない人や能力のない人が、会社を離れていくことも予想できるが、「できる人」「できない人」のどちらが会社にとって必要な人材か考えてみれば、おのずと答えは出るはずだ。

能力をアップさせるポイント

- 実力主義の給与体系を構築しよう
- 資格、職務能力を給与に反映させよう
- 業務に必要な資格は、名目だけではない額の手当を設定する

COLUMN

「できる方法」を考え実行する企業体質

「辞めていくことは仕方がない」と考えている経営者や人事担当者は、定着するための方策を考えようとしない。たとえばサービス業だから残業が多いのは当たり前という固定概念では、社員は働く喜びを得ることができず、条件のよい会社が見つかれば、転職してしまう。社員は、会社への貢献を考え仕事を行うべきだが、彼らが働く労働条件や環境を考慮せず、「頑張れ！」だけではモチベーションは継続できない。

厳しい業界であればこそ、社員が働きやすい環境をいち早く整えた会社に優秀な人材が集まる。「景気が悪い、厳しい業界だから仕方がない」と納得していては、人材は流出してしまう。「できない」と最初から決め付けず、「できる方法」を考える企業体質に転換することが大切なのだ。

第5章

「できる人」を辞めさせないようにするには？

「退職したい」と言われてからではもう遅い

「できない人」に気をとられて、「できる人」の動向に無頓着になってはならない。「できる人」は、与えられた職務を当たり前のようにまっとうしているため、とかく評価や褒めることを忘れがちになるが、せっかく育てた「できる人」は自社で必要な人材であり、辞められては会社の大きな損失になる。本章では、「できる人」の退職を防ぐ方策について考えてみよう。

社員からいきなり退職を告げられたと驚く上司がいるが、退職を考えている社員は、申し出る前に何らかのシグナルを発信している。部下に対して親身に考えている上司であれば、ちょっとした動向の変化を見逃すはずはない。「退職したい」と申し出た社員を懸命に引き止める上司がいるが、一度退職を申し出た社員を引き止めることは難しい。慌てて部下と話をし、何とかその場は退職を思いとどまっても、数ヶ月もしないうちに、「やはり辞めさせてください」と部下から言われるだろう。

社員が退職の決断をすることは、相当なエネルギーを要する。**悩みに悩んだ結果退職を申し出た社員の気持ちを、数十分の話で変えることは難しい。**

社員が入社する前は、優秀な人材を確保しようと躍起になっているが、社員が退職するとき「社風が合わなかったね」などと理由をつけて、あっさり受け入れる上司がいる。本人が退職を望むのだから、仕方がないと割り切って考える上司や人事がいるが、社員が会社にとって財産であれば簡単に財産を放出してかまわないのか、疑問を感じる。

退職を考えている社員は、それまでと違って帰宅が早くなり、仕事が雑になり、無口になることもある。急に上司に食ってかかる社員もいる。このような変化を上司は見極め、この時点で本人からじっくり話を聴くことが大切だ。前向きな転職を考えている「できる社員」を簡単に放出してはならない。

できる人を辞めさせないポイント

- 部下の日常の動向をチェックする
- 動きがおかしい場合は黙って見過ごさない
- 本人の話を聴くことで対応を検討する

なぜ辞めるのか、理由の本質を分析し改善せよ

退職者が多いにもかかわらず、辞めていくことに危機感をいだかない経営者や幹部社員がいる。辞めていく社員が悪いと自己を正当化して常に新たな社員を求めて採用を行っているが、退職理由の本質を分析し、必要なことをすぐにでも改善しなければ、優秀な人材は流出してしまう。

会社の実態や将来性を冷静に分析できる社員は、自社の状況に失望し今後も改善できないと考えて辞めていくが、それに対して「辞めていく社員が悪い」「活躍できない社員」と愚痴をこぼしても、何も解決しない。その一方で現場からの「根性がない」「やる気がない」「仕事を覚えようとしない」という評価に対しては、なぜやる気がないのか、なぜ覚えようとしないのかという本質を見極めようとせず、現場の上司の言葉を鵜呑みにする。このようなケースでは、実際には上司の指導力や人間性に問題があることも多いのである。

労働時間などの職場環境に問題があり、辞めていく社員がいるが、自社の慣

習だから仕方がないと黙って放置していてはならない。自社の社風にどっぷりつかっている社員は、仕方がないと諦め何も言わないが、新入社員は「おかしい」と実感するのだ。

採用経費を気にする会社でも、人が定着しない損失に対しては無頓着なことが多い。人事は退職希望者と関わるため、辞めていく社員の本音を直接聞くことになる。少なくても同業他社の労働条件、待遇面、環境をリサーチしたうえで、自社のマイナス面を改善していくことを、人事が提案し実行する努力が必要だ。経営者が聞く耳を持たないからと、自分を保身するための言い訳をしていては、会社は決してよくならない。

「来るもの拒まず、去るもの追わず」の考え方では会社は崩壊する。

できる人を辞めさせないポイント

- 退職者の本音を探り、改善すべき点は即実行する
- 辞めていく社員が悪いという風潮を作らない
- 人事は、労働環境、待遇面の改善案を提案する

■キャリアプラン

人事考課は、被考課者にフィードバックしている	1	2	3
キャリアシートを活用している	1	2	3
25歳以下の社員が提案、実行できる業務が多い	1	2	3
昇給・昇格システムが明確である	1	2	3
新卒採用を継続的に行い、採用人数に大きな変動がない	1	2	3

■労働条件・待遇

残業支給対象者に対して、手当を全額支給している	1	2	3
残業は通常月30時間以内に収まっている	1	2	3
週40時間以下の労働を実施している(残業を除く)	1	2	3
過去3年間、労働基準監督署から是正を勧告されたことはない	1	2	3
育児休暇、介護休暇を利用している社員がいる	1	2	3
計	(　　)	(　　)	(　　)

環境チェック表

■企業経営	はい	どちらともいえない	いいえ
商品、サービス等は、将来性で確固たる地位を築いている	1	2	3
経営方針が明確である	1	2	3
過去5年間に赤字を計上していない	1	2	3
全社員を集めた慰労会、経営方針発表会を実施している	1	2	3
■労働環境			
PC環境は整っている	1	2	3
化粧室は、男女別である	1	2	3
平均年齢が32歳以下である	1	2	3
大卒新卒採用の3年以内に辞める割合は、20%以下 転職者採用の1年以内に辞める割合は、20%以下である	1	2	3
就業規則・賃金規程・退職金規程を社員がいつでも閲覧できる	1	2	3
指示、命令系統は確立されている	1	2	3

上司の一言の重さを理解せよ

真面目な社員ほど、上司の一言を重く受け止め退職につながることを理解しているだろうか。部下を育てたいという気持ちで厳しく指導をすることは大切だが、感情で叱責すれば部下は自己嫌悪に陥り、ときには出社できなくなる。

上司の側にも、「そこまで気を使っていては仕事にならない」という言い分はあるだろうが、部下の気持ちをくみ取れない上司は、上司として失格だ。

マネジメント能力とは、ヒト、モノ、カネ、ジョウホウを最大限活用することが求められるが、人材（ヒト）をコントロールできないようでは、一時的な利益は生み出しても継続した利益を生み出すことは不可能だ。

部下にとって上司は、上司が考えている以上に距離のある存在である。**上司の何気ない一言や態度が、部下のやる気を削ぎ、結果退職してしまう**ことを理解しよう。

上司としての思いを日頃感じとれている部下は、厳しい言葉も冷静に受け止め行動するが、信頼していた上司から思いもかけない叱責を受ければ、それまでの信頼関係が一挙に崩壊し、仕事を行う意義まで見失ってしまう。

実は、退職理由の多くは、メンタルな部分であることが多い。表向きはキャリアアップや違う仕事がしたいという理由でも、本音は人間関係によるトラブルなのだ。上司は、部下から見て尊敬される上司でなければならない。尊敬される上司であるためには、言葉や態度が部下に与える影響を充分考え、発言、行動しよう。決して感情で部下を叱ってはならない。

できる人を辞めさせないポイント

- 上司の一言が部下を傷つけることを認識しよう
- 部下への思いがなければ部下は去っていく
- 感情で部下を叱れば部下は去っていく

入社後も定期的なフォローを行え

高卒採用の5割、大卒採用の3割の新入社員が、入社3年以内に退職をしていくが、この時期に辞めていく原因として、上司や人事が入社後新入社員に興味を持たないことがあげられる。入社までは人事も採用したいが故に、期待していることを頻繁に告げるが、入社後数ヶ月もすれば興味が薄れ、かまわなくなる。

配属部署の上司や先輩社員も入社月は歓迎ムードで迎えるが、日頃の業務に追われ新入社員に目が向かなくなる。このような状況では、やる気を持って入社した新入社員は必要とされていないと考え、退職を意識するだろう。

「釣った魚には餌をやらない」という状況では、新入社員は定着しない。特に入社3年未満は、実務で実績を上げることができずに、自己嫌悪に陥ることが多い。このような精神状態で、周囲の社員がアドバイスや指導をせずに放置しておけば、本人の能力不足が原因ではなく、教えてくれないから伸びないと捉えてしまう。

最近は、**自ら覚えようとせず、かまってあげなければ行動しない若手社員が多い。**それまで親や学校から「やるべきこと」を常に提示され行動してきた彼らにとって、教えてもらうことは当たり前のことなのだ。会社は人材を活用しなければならない。現状の社員の力を認識したうえで、能力を発揮できるように工夫しよう。かまうことで、モチベーションが高まるのであれば、入社3年未満の社員に対して、かまってあげることもいい。

実務能力が劣り、良好な人間関係を構築できない社員に対して、放置しておくことは会社にとって大きな損失になる。彼らの行動に興味を持って観察し、かまってあげよう。

できる人を辞めさせないポイント

- 新入社員の状況を認識し、無視した行動は取らない
- 自ら行動できない社員に対しては、積極的に「かまって」みる
- 退職者の会社損失について、認識しよう

人間関係が退職につながることを理解せよ

退職理由の原因として、人間関係がうまくいかないことを上げる人が多い。良好な人間関係が構築できない理由には、本人の行動や態度に問題がある場合も少なくない。しかし、それを本人が自覚せず、被害者意識で退職を決意する。

新卒の入社3年未満であれば、ビジネスマナーや仕事の取り組み方を指導することで改善できることもあるが、社会人として性格や行動がすでに形成されている場合、改善することは難しい。会社は、良好な人間関係を構築できるよう親睦会の開催や、新入社員が組織の一員として活躍できるような気配りをすることも必要だ。ただし、**人間関係がうまくいかない社員は、場の空気が読めずおかしな行動を取るために、周囲の社員に溶け込めない**ことがある。先輩社員から食事に誘われても常に断る人や、共通の話題に入れない人は少しずつ他の社員と距離ができ、ほとんど会話をしなくなる。

組織のなかで1名でもうまく溶け込めない社員がいると、雰囲気が暗くなり、溶け込めない社員を好意的に見なくなる。上司や先輩社員は、できればおかしな行動や考え方を指摘し、アドバイスする必要があるかもしれない。人間関係がうまくいかないのはよくあること、と妙な納得をして、見てみないふりをする上司がいるが、放置していて解決する問題ではない。事を急いではならないが、溶け込めない新入社員であれば、職場で力のある先輩社員をブラザー、シスターとしてつけてみよう。

人間関係がうまくいかない場合、両者の言い分があり難しいが、上司自ら問題の本質を見極め、改善努力をしなければ、次の新入社員も辞めていくかもしれない。

できる人を辞めさせないポイント

- 退職原因の多くが、人間関係であることを自覚する
- 上司は、状況を察知したら改善策を講じる
- 改善しなければ、次の新入社員が入っても辞める可能性がある

退職理由の本音を探れ

退職理由を本音で語る社員は少ない。企業体質や上司の問題などであれば、あえて本音を言って嫌われたくないと考えるのだ。

退職希望者の本心を聞きだすためには、お互いの信頼関係が前提になる。信頼関係のない上司や人事に本心を語ろうとはしない。そのためには、退職したいと語る社員の言葉を聞こうとするこちらの姿勢がポイントになる。

退職したいと告げる社員に対して、上司や人事の態度が横柄になり、辞めていく社員が悪いような言葉を発するケースがあるが、これではますます退職したいと考えてしまう。退職したいという主張を理解する姿勢がなければ話は進まない。退職を引き止めることができても、退職理由を本音で語っていなければ、何の解決にもならないのである。

反対に、一方的に「辞めるな」「辞めさせない」と話をして、退職希望者の言い分を聞こうとしない上司がいる。これでは、本音を語ることはできず、その場では上司の言葉に圧倒されて退職を保留にするかもしれないが、再び退職を申し出る。

退職を希望する社員を決して罵倒してはならない。上司として悔しい気持ちがあるかもしれないが、周りの社員は退職を申し出ても円満に辞められないと捉え、いかにうまく辞めるかということだけを考えるようになる。辞めていく社員を無理やり引き止めることはできないが、**なぜ退職をするのか本心を聞き出し、会社に問題があれば、解決していくことが上司としての役目な**のだ。

本人の将来を考えても転職がベストの選択であれば、温かく送り出すべきだが、退職を希望する社員の多くが、円満に辞めたいが故に本音で語っていないことを理解し対処しよう。

できる人を辞めさせないポイント

- 退職希望者の話を否定せず、まずは話を聞く
- 退職希望者を罵倒してはならない
- 相手が本音を語らず、円満に辞めたいと考えていることを理解する

「やりたいことがある」という退職理由の対処法

退職者の多くが本音を語らず、できれば円満に退職したいと考えるので、例え会社や上司に不満があっても「転職理由は、自社の業務と異なることがやりたいから」と主張したりする。

もちろんそれが本音の退職希望者もいるが、円満に辞める方法として、このような当たり障りのない理由を述べる者が多い。

こうした「やりたいことがある」という理由は、人事異動などで解決できる内容であれば本人が退職を撤回する可能性はあるが、申し出があったからすぐにポジションを変えてしまうようでは、「言ったもの勝ち」という印象を他の社員に与えてしまう。自社で必要な社員であれば、期限やスキルなどの条件を提示し納得させる方法を検討しよう。本音として**「やりたいことがある」という主張は、言葉を変えれば「やりたいことができない」と訴えている**のだ。自社で実現可能であれば、経営者も巻き込み可能性を探ろう。

「実は、まだ退職を迷っている」というときは、なぜ別のことをやりたいのか考えさせ、異業種、未経験の職種へチャレンジする難しさを説明しよう。やりたいことが見せかけであり、本音が別の部分にあるような場合は、人事や上司から、会社や仕事に不満がないか尋ねてみよう。言葉では「不満がない」という回答でも、語るときの表情や態度から、本音を見極めることが可能だ。「できる人」は、自分が会社で必要とされているか否かを見極める能力に優れている。「できる人」を説得するためには、「できる人」以上の社員が話をしなければ、解決しない。

できる人を辞めさせないポイント

- 相手の「やりたいこと」が自社で実現できないか、模索してみる
- 本音かどうか、語るときの表情、態度から読み取る
- 相手よりも「できる人」が話をすることがベター

「家庭の事情」という退職理由の対処法

前述したように会社が伸びていくためには、今後は女性社員の活躍が絶対条件になる。女性社員が退職理由にあげるものとしては、結婚、出産、介護が主なものだが、育児休暇制度や再雇用制度を活用することが可能であれば、退職を思いとどまる女性社員もいる。

育児休暇制度や再雇用制度など、就業規則では記載されていても、実際にその休暇を取得した社員がいない会社も多い。このような実質的な制度が整っていない会社では、女性社員は不安で、会社に貢献しようという気持ちにはなれない。

再雇用制度、職場復帰プログラムを含めて、女性に優しい会社作りを目指すべきだ。経営者のなかには、「前例がない」と前向きに取り組まない者もいるが、人事や経営幹部が先頭に立って経営者を説得しなければ、いつまでたっても男性中心の企業体質から変革できない。

育児と仕事、介護と仕事などの両立ができる社内体制を早急に構築しなければ、「できる女性社員」の退職は止められないのだ。

転居を伴う転勤の可能性がある会社で、家庭の事情から難しいケースもある。転勤辞令が発令されなくても、今後の不安から退職を考える社員もいる。結婚により、長時間の勤務が難しくなる社員もいるが、労働条件が合わないといって切り捨てるのではなく、雇用制度のあり方を見直し、短時間制社員や転勤のない社員などの制度化を進めよう。

夫の転勤に伴い、通勤が難しくなるならば、サテライトオフィスの設立なども考慮し、会社として何ができるか検討しなければならない。

できる人を辞めさせないポイント

- 雇用を継続できる仕組みを構築する
- 前例にとらわれず、社員が安心して働ける環境を目指す
- 女性社員が活躍する会社は、今後伸びる会社だ

「待遇不満」という退職理由の対処法

昇給などの待遇に関する社内事情を曖昧にしておく人事や経営者が多い。ぜひ考えを改めてほしい。「できる人」は真剣に仕事に取り組み、適確な評価を希望している。

給与などの待遇が不満という理由で退職を申し出た社員に対して、安易に給与を変更してはならない。一時的には引き止められたとしても、待遇で気持ちが揺らぐ社員は、再びそれを理由に申し出る可能性が高い。

「社長に相談すれば、給与が上がる」という中小企業があるが、相談した人だけが得をするような給与体系では、社員のモチベーションは上がらない。

昇給を検討する場合でも、一定のレベルまで本人の能力が到達したときに昇給する、あるいは次回の昇給時期に昇給するなど、他の社員と遜色のないフェアな対応が望ましい。**給与や待遇を調整することで、退職を撤回する社員は、その場は留めることができても、よい条件の会社があれば再び同様の問題が**

発生する可能性が高い。人事は、自社の待遇が競合他社と比較しどうなのか検討は行うべきだ。他社と比較をして相違がある場合、採用経費をかける前に社員の定着率を高めることを考え、待遇面の見直しを行おう。退職希望者は、自社における目標や夢を見失っている。目標がないから待遇面に不満を持ち、残業することにも納得がいかない。

経営者は、金銭面の問題を解決すると共に、自社の将来性を熱く語る必要がある。「待遇は、社内規定で決まっている」と一言で済ませてしまっては、「できる人」を引き止められない。

できる人を辞めさせないポイント

- 昇給を希望されても、できるかぎり特例を作らない
- 昇給する場合は、やるべき諸条件を提示する
- 待遇面だけで会社を判断する人は、転職を繰り返す

「明確な理由がない」という場合の対処法

「特に理由はありませんが、少し疲れました」という退職希望者がいる。具体的な理由が明確であれば、そのことに対してアドバイスできるが、特に理由がない場合、「もう少し頑張れ」と励ますくらいしか方法がない。

このような理由を述べる社員は、会社から引き止められるのを待っている可能性もある。上司がどのような対応をするか見極め、対応によって本気で退職を考えようとする。

このような社員は、職場に退職をちらつかせるだけで、結局退職しない社員が多い。おおかたこうした社員は、**自分の仕事量や辛さを上司に理解してもらいたいという意思表示として、駆け引きを行っている。**

上司が振り回されて親身に対応しても、本人が本気ではなく一定の周期で申し出てくる。数回同様のことがあれば、「できない社員」としてどこかで見切りをつけなければならない時期があるだろう。いつものように退職を申し出たら、「退職後も頑張ってください」と告げて、退職願を受理しよう。

精神的に疲れている退職希望者に対して、安易な励ましは、本人にとってよくないことが多い。必要な人材であれば、すぐに辞める必要はないので、しばらく休むよう勧めてみよう。

「辞めるのも残るのも自由に決められるから、あせらず今は休んで、元気になってから考えてみてはどうだろう」というアドバイスをすると、本人も安心する。必要な人材であれば、休む時間を与えて復帰してもらうことも検討しよう。

「理由がない」という本質を上司、人事は見極めなければならない。

できる人を辞めさせないポイント

- 本気で辞めたいと考えていない社員に振り回されない
- 精神的な疲れに対して、少し休むよう促す
- 曖昧な言葉に潜む真の意味を見抜く

COLUMN

社員は経営者の姿を見て、仕事をする

自社の強み、独自性、将来性について、経営者は積極的にアピールすべきである。現実の数値を日々見ていると気持ちがふさぎがちになり、将来の展望について語らない経営者もいるが、ネガティブな経営者の姿勢を見ている幹部社員は、一般社員に対して同様な態度を取ってしまう。成功している経営者は、繊細かつ臆病でありながら、大胆な決断をしてポジティブに物事を捉える傾向がある。経営者に笑顔がなければ、社員が笑顔で働けるわけはない。社員は、経営者を信じて入社した大切な人材なのだ。

社員は、経営者の姿を見ながら仕事をしている。彼らが幸せになるためにも、経営者はポジティブ志向でチャレンジしていくことが大切である。悩み考え、さらに考えることで、今まで気がつかなかった新たな展開が見えてくるはずだ。

第6章

「できない人」を辞めさせるには？

人事は「できない社員」への対処に最後まで責任を持て

私は20年間の人事経験で、多くの人に退職勧奨や解雇を行ってきた。なかにはどうしても「できる人」にはならないという判断のもと、辞めてもらった社員もいる。役員のなかには、おとなしい社員に辞めてもらい、一時的に経費が削減されたことを喜んでいる人がいた。経営者や人事にとって、解雇や退職勧奨は避けて通れない道だが、どんなときにも「人を活かす」を前提に人事戦略を考えてほしい。

人事は、人材を採用した責任がある。社員は、多くの会社のなかから自社を選び入社しようと決断した人だ。「使えない」と安易に判断し、辞めさせてはならない。

社員を辞めさせることは、採用するとき以上にその人生を左右することになる。社員を辞めさせることは、その社員の家族にも多大な影響を及ぼす。生ぬるいことを言っていては、会社の存続そのものが成り立たないことは充分理解しているが、それでも社員を辞めさせることは会社にとって決して好ましいことではない。人件費が削減できるからといって、簡単に人を辞めさせる会社は、一時的に潤うことができてもどの道長くはないだろう。

社員を辞めさせることで、「次は自分の番かもしれない」と残った社員は恐怖心を持つ。このような状態では、次の転職先を探し始める社員を会社は非難できない。人を活かす前提の人事戦略が練られていない会社であれば、社員は安心して働くことができず、優秀な人から辞めていってしまう。

会社は「できる人」「できる素養のある人」を採用し、その社員がいきいきと活躍できる場を提供しなければならない。そして**不幸にもどうしても自社で使えない社員であれば、人事が責任を持って解雇しなければならない。**

通告・勧奨のポイント

- 人事は、できない人を解雇する責任がある
- 安直な解雇は、既存社員に悪影響を及ぼす
- 人を活かす前提の人事戦略を練る

社員は「モノ」ではない

かつて私が人事部長として勤務していたころ、断腸の思いで解雇した男性社員と解雇後、偶然再会した。彼は当時、夜勤の社員で、いつも顔色がよくなく心配したものだった。ところが久しぶりに会った彼は、会社に在籍していた当時と違い、別人のように明るく元気な笑顔を見せてくれた。そして「谷所さんも大変でしょうが、頑張ってください」と逆に励まされた。

社員は「モノ」ではない。「できない人」だから辞めさせたいという現場の声を鵜呑みにして、現場任せにしてはならない。人事は、現場の上司、本人の話をよく聞き、積極的に関わることが大切だ。配属後は、配属部署に任せているといって逃げては、「できる人」まで辞めていくことになる。

現場で使えない理由を公平な立場で検討する。たまたま上司と合わないこともあるので、本質を見極めることが大切だ。

労働基準法の知識がない現場の上司が、感情で「辞めてしまえ」「明日から来なくていい」と本人に告げるような組織では、本来は解雇すべき社員であっても後々問題になることが多い。

役員や経営者から出た解雇の指示についても、人事として確固たる意見を言えなければ、人は絶対に育たない。役員のなかにも、経営者の言葉が絶対だと言って理不尽な解雇を承諾するケースがある。辞めさせる役割を担う人事や役員が本人を守らなければ、誰も守れる人はいないのだ。

「3年在籍してもらえば、辞めてもらってかまわない」と発言した経営者がいたが、離職率が高いことへの負け惜しみにしか聞こえなかった。**3年で使い捨ての社員が在籍する会社では、他社より優位性のある事業などできるわけがない。**

通告・勧奨のポイント

- 社員を「モノ」として考える会社に未来はない
- 人事は、解雇を現場任せにせず、積極的に介入する
- 人事は、公平な立場で解雇について検証する

「絶対安全な解雇」は不可能と思え

解雇とは、「使用者から一方的な意志表示で雇用契約を終了させること」である。人事や総務を担当している人であれば、解雇に関する知識を持っているだろうが、解雇を行う前に、労働基準法、労働契約法、関係法規について基本的な部分を把握しておく必要がある。

会社に損害を与えない安全、確実な解雇は存在しないと考えたほうがいい。労働基準法を遵守して解雇を行っても、民事で訴訟を起こされる可能性もある。経営者や人事担当者は、リスクを最小限に抑えることを常に考えたうえで、解雇に取り組まなければならない。

法律を知らない経営者や現場の上司は、「できない人」であれば、簡単に辞めさせることができると勘違いしている。しかし、労働基準法などの法律に準じて解雇を行わなければ、解雇が無効になるだけでなく、社員から損害賠償を請求される可能性がある。

解雇は、客観的に合理的な理由を欠き、社会通念上相当であると認められない場合、その権利を濫用したものとして無効とする規定と、就業規則のなかに解雇の事由を記載することが、平成16年の改正労働基準法で追加された。解雇は次にあげる「普通解雇」「懲戒解雇」「整理解雇」の3種類がある。

【普通解雇】

普通解雇とは就業規則の普通解雇事由に相当する事実があって行われる解雇のことである。解雇は、就業規則の絶対的記載事項なので、解雇の事由は就業規則に必ず記載しなければならない。普通解雇の客観的な合理性と社会的相当性があるかがポイントになる。

●普通解雇の要件

(1) 解雇事由が就業規則に規定する解雇事由に該当すること
(2) 客観的に合理的な理由があり、社会的に見ても相当性があること
(3) 解雇回避努力をしたこと

●事例

(1) 精神・身体の異常によって業務に耐えられないとき

(2) 勤務成績が著しく不良で他に配置転換しても改善できず業務に適さないとき

(3) 試用期間中で、業務に不適格であると会社が判断したとき

【懲戒解雇】

懲戒解雇とは、就業規則上のもっとも重い懲戒処分が課されて行われる解雇のことを言う。労働者が企業秩序に違反した場合に、使用者が制裁として労働者に課すものだ。「懲戒処分」には、この懲戒解雇の他、戒告、訓告、減給、出勤停止、降格などがある。懲戒処分をするためには、就業規則に懲戒規定が明記されていなければならず、就業規則に定めのない事由による懲戒処分は、「懲戒権の濫用」と判断され、無効となる。

●懲戒解雇の要件

(1)懲戒事由と懲戒手段が就業規則などに規定されている
(2)懲戒事由と懲戒手段が合理的であること
(3)服務規律違反に対応した処分が相当であること
(4)処分手続きは、適性かつ公正であること

●事例

(1)服務規律違反が頻繁に行われ、注意しても改めないとき
(2)職場で他の労働者に対し有害および危険な行為をしたとき
(3)社名を著しく汚し、信用を失墜させたとき
(4)会社の重要機密を外部へ漏らそうとしたとき、漏らしたとき

懲戒解雇を行う場合は、「労働者の責めに帰すべき事由」につき、労働基準監督署の認定を得て、即時解雇するケースが通例であり、即時解雇は解雇予告手当を支払う必要はない。さらに退職金も不支給、もしくは、減給とする

のが一般的である。

解雇の事由として、指揮命令違反、勤務怠慢、経歴詐称、会社の名誉・信用の毀損《きそん》などがあげられるが、就業規則で懲戒解雇に該当するものを明示し、懲戒事由を労働者に明らかにする必要がある。

労働基準監督署は、解雇予告認定申請書が提出された場合は、所要の調査を行い、認定基準に照らして「労働者の責に帰すべき事由」があると判断した場合は、認定を行う。

【整理解雇】

整理解雇とは、会社経営上の理由により人員削減が必要な場合に行われる解雇だ。整理解雇をするためには、原則として整理解雇の4要件を満たすことが必要になる。次にあげる4要件のうち、1つでも欠いたら「解雇権の濫用」として無効と判断される。

●整理解雇の要件

（1）会社が客観的に高度な経営危機の状態であり、経営不振を打開するため解雇による人員削減が止むを得ないこと（人員削減の必要性）
（2）解雇を回避するために希望退職の募集、出向、配置転換、一時帰休など具体的な措置を講ずる努力が充分になされたこと（解雇回避の努力）
（3）解雇の基準およびその適用が評価者の主観に左右されず、全社員を対象としていて合理的であること（人選の合理性）
（4）人員整理の必要性と内容について解雇の対象者および労働組合に対して、整理解雇について充分協議し、納得を得るよう努力を尽くしたこと（解雇手続きの妥当性）

解雇は、「懲戒解雇」を除き、「解雇予告」を行わなければならない。

解雇予告が必要なとき、不要なとき

使用者が労働者を解雇する場合は、懲戒解雇を除き、少なくとも解雇の日の30日前に労働者へ解雇予告を行わなければならない。解雇に至るまでは雇用契約が継続されるので、労働者は通常の業務を行わなければならないし、使用者は賃金を支払う義務がある。

解雇予告期間は30日間だが、使用者が労働者に対して解雇予告手当(平均賃金)を支払えば、支払った日数だけ予告期間を短縮することができる。

解雇する理由としては、勤務成績が著しく不良で、他に配置転換をしても改善できず、業務に適さないなどが考えられるが、能力が足りないからとすぐに解雇するのは、解雇権の濫用として認められないケースがある。配属部署の上司が「お前は使えないからクビだ」と言っても、それまでに会社が本人に対して行った教育や配置などが問われ、無効になることがある。解雇前に、配置転換や研修などあらゆる手段を講じても「できない人」から脱却できないという合理的な説明が求められる。

役員や管理職社員に対しても、人事部などが率先して、**労働基準法に基づいた解雇のあり方を徹底しなければ、解雇権の濫用で無効になるだけでなく、解雇を告げられた社員から、損害賠償を請求される可能性がある。**

ただし、次に該当する者に対しては、解雇予告が必要ない。

●日々雇いいれられている者

1ヶ月を超えて引き続き使用される場合は、解雇予告が必要

●2ヶ月以内の期間を定めて使用される者

所定の期間を超えて引き続き使用される場合は、解雇予告が必要

●季節的業務に4ヶ月以内の期間を定めて使用される者

所定の期間を超えて引き続き使用される場合は、解雇予告が必要

●試用期間中の者　14日を超えて引き続き使用される場合は、解雇予告が必要

就業規則で1ヶ月や3ヶ月と試用期間が定めてあっても14日を越えた場合は、解雇予告が必要になるので注意が必要だ。

解雇権の濫用と解雇通知の効力

【解雇権の濫用】

解雇は、客観的に合理的な理由を欠き、**社会通念上相当であると認められない場合は、その権利を濫用したものとして、無効になる。**また労働契約を継続しがたい、止むを得ない事由のあるときに認められるが、これらの事実があったとしてもすぐに解雇の理由となるわけでなく、「**客観的に合理的な理由**」がなければ「解雇権の濫用」として無効となる可能性がある。

「14日を超えて無断欠勤をした」といった明確な理由があれば問題ないが、「能力が要求に満たない」という理由で解雇する場合には、会社として本人の能力を引き上げるために指導を行ったものの、どうしても自社で求める能力に満たなかったなど、具体的な企業努力があったことが必要になる。

経営者が感情的になり、「解雇だ！」と告げても、解雇に該当する理由がなければ無効になる。そのためにも、就業規則で解雇の要件を社員に徹底し、社員が納得するように交渉を進めるようにしよう。

【解雇通知の効力】

使用者が労働者に解雇を申し渡した時点で効力を生じるが、郵送による解雇通知は、労働者に到達した時点から効力が発生するので、予告日数に注意する必要がある。

労働者から解雇の予告をされた日から退職日までの間に、解雇の理由について証明書を請求された場合、使用者は遅滞なく交付しなければならない。

なお、解雇通知を拒否された場合でも郵送により本人の手元に届けば、到達した日から効力が発生するが、原則として、郵送だけのやりとりでなく、本人と面談のうえ、解雇通知を伝えるようにしよう。

解雇制限とは

解雇制限とは、法律で定められている、会社が社員を解雇することができない条件のことである。**解雇制限が定められている法律には、労働基準法、男女雇用機会均等法、育児介護休業法、民法などがある。**

詳しくは社会保険労務士、弁護士などの法律の専門家に確認をして欲しいが、ここでは、それぞれの法律の解雇制限の内容を簡単にまとめることにする。

【労働基準法】

業務上の疾病による休業期間およびその後30日間は解雇できない（労働基準法第19条）。業務上の疾病であれば、業務を行えないからといって解雇してはならない。

産前産後の休業期間およびその後30日間も解雇できない（同条）。さらに国籍、信条などを理由とする解雇も制限されている(労働基準法第3条)。

【男女雇用機会均等法】

女性であることを理由に男性と差別的取り扱いをすることや、女性が婚姻・妊娠・出産したことを理由とする解雇も認められない(均等法第8条)。

【育児介護休業法】

労働者が休業申し出をし、または育児休業や介護休業をしたことを理由とする解雇(育児介護休業法第10、16条)は認められない。

このほか、労働組合法では、不当労働行為(組合員であること、組合の活動を行っていること、組合を結成しようとすることなどを理由として差別的取り扱いを行うこと)の解雇は認められず、また民事裁判で、正当な理由の解雇と認められない解雇も無効とされることになる。

解雇と退職勧奨の違いを把握せよ

人事担当者でも誤解をしていることがあるのが、解雇と退職勧奨の違いだ。両方とも会社都合によるものだが、解雇は使用者からの一方的な意思による労働契約の解除である。一般的に、解雇は解雇通知を会社側から社員へ渡す。

退職勧奨は解雇ではない。あくまでも使用者が社員に退職を勧め、それを受け入れた社員から会社へ退職願を出し、本人の意思で退職する合意解約だ。社員への「会社を辞めてくれないか」という言葉は、解雇通告ではなく、あくまでも退職を勧奨しているものである。**退職勧奨に応じるかどうかは、社員の判断で決定できるので、本人に辞める意志がなければ、応じる必要はない。**会社が退職勧奨を行い応じない社員に対して、嫌がらせをしたりした場合、退職強要として社員から訴訟を起こされる可能性もある。

問題になりやすいのは、退職勧奨を受けた社員が解雇と受け取り、「会社から解雇された」と労働基準監督署に出向いたところ、会社側は「解雇をしていない」と主張するケースである。解雇を通告する担当者の表現が曖昧で、通告を受ける社員に明確な会社の意思が伝わらないとトラブルになる。

経営幹部や配属部署の上司が、解雇と退職勧奨の違いを理解していない場合、会社は解雇として話をしても、社員は、退職勧奨として捉えていることもある。「退職勧奨」か「解雇通告」を行うかは、上層部の指示によるが、会社は、その社員を必要ないと考えており、辞めてもらう社員だと考えている。告知をする人事担当者は、会社側の意志を明確に受け取る必要がある。

人事担当者は、通告する社員の性格や状況を考慮したうえで、解雇通告であっても退職勧奨に切り替えるよう上層部と相談する必要もあるだろう。

退職勧奨では、社員の意思で退職をするので、一般的には、退職願を書いてもらう必要があるが、社員によっては、なぜ辞めたくないのに退職願を書かなければならないのか、と主張する人もいるので、丁寧な説明が必要だ。

たとえば、自己都合と退職勧奨による退職では、失業給付の待機期間が前者が3ヶ月で後者が7日となる。会社都合の退職勧奨は、短期間で失業給付を受給できることを説明すると納得するケースもある。

「辞めさせる」前に充分に検討せよ

社員を辞めさせる場合、一部の上層部による意見だけで決めてはならない。上層部のなかには、意見の合わない社員や批判的な社員を「できない人」と決め付けて辞めさせようとしてしまう人がいる。しかし、会社が「辞めさせたい」とする社員が、単に上司と折り合いが悪くて上司に対する態度が悪いという場合もある。自分に都合のいいことしか言わない上司の一言で、社員の去就を決定してしまえば会社は大きな損失をこうむる。人事は、**その社員が「なぜ使えない」のか、原因を公平な立場で判断しなければならない。**

「リストラ」という言葉が流行り、社員を辞めさせることが軽く扱われる風潮があるが、むやみに人を辞めさせること、特に解雇の濫用は絶対に避けるべきである。あらゆる手段を講じても会社にとってマイナスの存在であり、改善が見込めないことを見極めたうえで去就を決定しなくてはならない。

今から十数年昔の話になるが、性格がおっとりしていて自己アピールできない社員を、役員の命令で解雇した経験がある。その社員に通告をした際、本人には冷静に受け止めてもらい「わかりました」と承諾してもらった。その後、役員が待っている部屋へ報告に行ったが、ドアを開けた瞬間、唖然とした。役員全員が談笑していたのだ。この人たちは解雇を告げられた社員の気持ちを理解しているのか、彼の家族、子供のことを考えたことがあるのか、人件費を削減するために、おとなしい社員を辞めさせているだけではないのか、こんな役員の命令を黙って聞いている自分は何なのか……。

そのとき私は退職を決意し、事実その会社を去った。その後談笑していた役員たちは、経営者とうまくいかなくなり会社を辞めたという。同時にその会社も衰退していった。結局私は、あのおとなしい社員に、人事として何ひとつしてあげられなかったのである。黙って私の通告を聞いていた彼の表情を、今でも忘れられない。会社は、エリート集団だけで成り立っているわけではない。会社を縁の下で支えている、普段は目立たない社員がいるからこそ存続できているのだ。本当に辞めさせるべき社員かどうか、冷静に分析できるのは、人事と経営者しかいない。

辞めさせる人の将来を充分に考慮せよ

退職勧奨や解雇を円満に行う基本は、その社員の将来を考えることである。退職勧奨や解雇を通告されると、屈辱感や会社に裏切られた失望感でいっぱいになり、目の前が真っ暗になる。

私は退職勧奨や解雇の通告を行うときに、「本人が今後、何ができるか」「どのような職場が向いているか」を真剣に考え、彼らのよき将来像をイメージするようにしていた。事前に何も考えずに淡々と告げれば、単純に会社に残る人事担当者と辞めさせる人との会話になってしまう。だが、辞めさせる社員に対して、現職以上のキャリアプランを提供できれば、本人の気持ちは暗い解雇通告の現状から、将来の展望へと切り替わる。

実際に退職勧奨や解雇が決まるまでは、自社において何としてでも「できる人」になれないかと検討するが、それを通告する段階では、現在の会社では今後伸びる要素がなく、他社で可能性があることを示唆するのだ。

私個人の考えだが、社員本人の能力が不足している場合は、解雇ではなく退職勧奨として、時間がかかっても説得するほうがいい。本人にとっても解雇されるより自分の意思で決断したということになり、対外的にも聞こえがいい。

話し合いや相談の場で大切なのは、相手の立場になって話をすることだ。退職勧奨や解雇通告を事務的に処理しようとすれば、通告された社員も事務的に受け止め、憤慨し、その気持ちを労働基準監督署や弁護士にぶつける結果になる。辞めさせられる人のために何ができるかを考え、必要であればハローワークや求人サイトから求人を探してあげてもいい。

通告を受けた社員は、確かに自社では使えない人材かもしれないが、だからといって、その人そのものを否定してはならない。人は多くの可能性を持ち適性がある。たまたま自社では能力を見出せなかったが、別の分野では大きく伸びる要素があるかもしれない。ぜひ人事は、あらゆる可能性を本人に示してほしい。

感情を逆なでしない告知の方法

誰でもプライドがあり、自分がかわいい。プライドを傷つけられれば、感情的になる。日頃からスタッフや上司と折り合いが悪い女性社員を、解雇したときの話である。合法的な解雇とは言えないが、現場がどうしても彼女は使えないと言いだし、解雇予告を行うことにした。社外で話をしたほうが、冷静に聞いてもらえると思い、私は彼女を喫茶店に連れ出した。そして私が話を始めるとすぐ、彼女は「なぜ私が辞めなければいけないの！」と、大声で怒鳴り、手元にあったグラスの水を、私に向かってかけた。

当然と言えば当然で、スタッフと折り合いが悪い、上司が使いにくいというだけで解雇されるのは、彼女にとって納得できるものではなかったはずだ。このとき私が取った行動は、とにかく会社の判断を告げて、その後の就職について協力する旨を約束することだった。相手が感情的になっているときに会社の正当性をいくら主張しても、話は伝わらない。

3日間の時間を置いて、再度、解雇に伴う具体的な手続きや失業給付金のことを話した。そのときは、彼女も冷静に話を聞いてくれて、先日の水をかけた件について謝罪もしてくれた。

この解雇は、私自身が釈然としないものであったために、私の気持ちが鏡のように反射し当初は相手も釈然としなかったのだ。**感情を逆なでしないためには、あせって事を運ぼうとしてはならない。**

ときには、通告後、しばらく考える時間を与えることも有効だ。退職勧奨や解雇に伴い、**会社でできることを親身に説明すると、こちらの状況を理解してもらえることもある。**辞めさせられる人の多くが「なぜ私だけが……」と考える場合も多いので、状況によっては多少会社批判になるが、「会社に残る人間も辛い」という姿勢を示してもいい。

合法的ではないが、業績不振と本人の能力が会社で必要ないことを合わせて説明し、整理解雇の手続きを踏まず、普通解雇として30日前の告知もしくは30日分の賃金を支払い、辞めてもらう方法もある。

解雇予告後に起こり得る状況を予測せよ

人事は、解雇告知後、起こり得るあらゆる事態を想定しなければならない。通告を受け入れてくれる社員に対しては、本人が希望するなら、ハローワーク、人材紹介会社などを紹介し、離職票も遅れることなく本人に渡すようにしよう。**30日前の予告手当を支給する場合は、支給日が予告手当の起算日になるので、経理と連携して、速やかに本人に渡すか、指定の本人口座に振り込むようにする。**

解雇通告に不服を申し立てる社員に対して、法律的な見解が必要であれば、社会保険労務士あるいは弁護士と相談する必要がある。安易に人事担当者の知識だけで対処すると、将来多額の賠償金を請求される可能性がある。繰り返すが、人事は解雇を納得しない社員から逃げずに、本人と親身に話をするのが大切だ。人事だけの判断で回答できない事項は、後日返事をする旨を告げて結論を急いではならない。裁判になった際、人事が口にした、あるいは提示した言葉の一語一句が、取り上げられる可能性がある。退職勧奨で話をした社員に対して、本人が了承しない場合でも、何度か説得してみよう。その際、人事は感情的になってはならない。感情的になったことで退職を強要されたと訴えられることがある。勝手なことばかり言う社員に対して頭に血が上ってしまうかもしれないが、常に冷静なまま退職を勧めよう。

最近は、情報がインターネットで簡単に流れる時代なだけに、会社のあること、ないことが、ネット掲示板などに記載される危険性もある。だが合法的に解雇手続きを行っていれば、それほど心配することはない。

解雇する社員に30日分の予告手当を支給するのを躊躇する経営者がいるが、人事から法律をきちんと経営者に説明し、問題が大きくならないよう万全の対策で臨むべきだ。30日分の予告手当を支払わないために、労働基準監督署から調査が入り、社内体制の不備を指摘される場合もある。

解雇通告をされ一度は納得しても、知り合いに相談し不当な要求をしてくることもあるので、問題になりそうな普通解雇や懲戒解雇は、労働基準監督署、社会保険労務士、弁護士と相談して進めていくことが大切だ。

退職勧奨の流れ

退職勧奨の場合、退職を勧めても強要してはならない。本人に退職を決断させることがポイントであり、形式は会社都合だが、労働者の合意を得た退職になる。

1

退職勧奨の決定

本人に改善の余地がなく、役員会議で辞めてもらう方向で本人と話をすることが決定される。

2

人事部と部署責任者が本人と面談

適性や職務能力を考慮した結果、自社で今後勤務するより、新たな職場で活躍する可能性があることを示唆し、退職を勧奨する。
会社都合による退職であるため、失業給付の時期が自己都合と比較して短期間であることを説明し、検討するよう伝える。

ここがポイント

本人の決断が必要だが、会社側のスタンスとして曖昧な態度を取らないようにする。

3

本人が退職を承諾

退職勧奨のため、会社都合による合意的な退職として退職願を提出してもらう。退職日までは業務引き継ぎを含めて職務をまっとうするよう話をする。離職票に本人の署名をもらい、退職日以降速やかに手続きを行い、離職票を自宅に送付することを説明する。

ここがポイント

本人がすぐ了承しない場合でも、退職勧奨は解雇と異なり、会社都合による合意的な退職である。「あなたが仕事できる場所はない」「納得しなければ、あらゆる手段を講じる」など、退職を強要することを言ってはならない。

4

退職

本人の退職願を受理し、手続きを開始する。

一般解雇の流れ

就業規則に記載されている解雇規定に該当することが前提であり、能力が満たない場合、本人の能力を引き出すことを会社として行ったか検証する。

勤務態度などに問題がある社員の場合、解雇を行うことで他の社員に悪影響を及ぼす可能性がある。経費をかけたくないという理由から、解雇予告手当を支給せず、継続して勤務をするよう指示する場合があるが、会社批判、恨みなどが膨らむ可能性があるので、慎重に検討すべきである。本人の状況を考慮し、即日解雇もしくは予告手当を支払わず30日前の告知を行うか検討する。

1 解雇の決定

本人に改善の余地がなく、役員会議で普通解雇が決定。即日解雇を行うことが決定される。

2 人事部が部署責任者同席のもとで解雇を告知

本人の職務能力不足、勤務態度及び無断欠勤が続いたことで、配置転換を行ったが同様の結果が続き、業務に支障をきたすことを解雇理由として具体的に説明し、解雇通告書を渡す。
事前に本人に改善事項を指摘し、遂行できない場合は解雇もありうることを告げておくことが重要で、その事実を通告ことにより本人を納得させるようにする。
即日解雇の場合、30日分の解雇予告手当を支払う。離職票に本人の署名をもらい、退職日以降速やかに手続きを行うことを告げる。

☞ ここがポイント

事前に本人の問題点を指摘し、改善するよう指導する。解雇が決定した場合は、解雇理由を告げて解雇通告書を渡し、検討の余地がないことを説明する。

3 解雇

解雇の手続きを開始する。

出勤状況が悪い社員への対応

2週間以上正当な理由なく無断欠勤し、出勤の督促に応じない社員は、懲戒解雇に該当する場合がある。よって、事前に労働基準監督署に解雇予告認定申請書を提出し、処理を行う方法がある。

無断欠勤ではなくても、遅刻が多く注意しても直らない場合や、改善の意思が感じられない場合は、普通解雇もしくは退職勧奨として処理する方法が一般的だ。出勤状況が悪い理由を本人に確認したうえで、業務に支障をきたすことを説明する。

出勤状況が悪くて解雇になる場合、社員本人も自覚しているため、通常問題になることは少ないが、一般解雇の場合は30日前に告知を行い、引き続き解雇予定日まで勤務してもらうケースが一般的だ。こうした場合、解雇予告後もその社員は継続して勤務するので、他の社員に与える影響を注意しておく必要がある。

問題社員本人の言動によっては、解雇を取り消す可能性を示唆する担当者がいるが、解雇が決定している時点では通告が目的である。話がぶれないように注意しよう。さらに追い討ちをかけるように問題を厳しく叱責すると、逆ギレされ解雇がスムーズに行えなくなる可能性もある。

問題社員本人が、労働基準監督署に不服を申し立てた場合、本人の出勤状況の問い合わせがあることがある。きちんと対応できるように、事前に本人の具体的な遅刻や欠勤状況の記録を保存しておく。

遅刻や欠勤が多い社員に対しては、解雇通告以前に、何度か、この次に遅刻をしたら解雇になる旨を告げておけば、スムーズに処理が行えるだろう。

通告・勧奨のポイント

- 2週間以上の無断欠勤で出勤の督促に応じない場合は、労働基準監督署に懲戒解雇の認定をもらう
- 遅刻、欠勤が多い場合は、事前に改善するよう伝え、普通解雇として取り扱う

求める能力に満たない社員への対応

求める能力に満たないという理由で辞めさせる場合、事前に具体的にどの部分が満たないのか指摘をし、研修、異動などを活用するための対策を会社は講じなければならない。

いきなり能力が満たないからという理由で解雇をすると、解雇権の濫用として認められないケースや、本人が不服を申し立てることが多い。

能力が満たない社員に対しては、退職勧奨を行うほうがベターである。結果として辞めてもらう方向に持っていくが、退職を強要してはならない。今後在籍していても能力が不足していて、やりがいを見い出せる職務ではないという理由を説明し、先方との合意のもとで辞めてもらう。この場合、退職勧奨は会社都合による退職のため、失業給付金支給までの期間も早まることを説明しよう。そして解雇と比較をして、あくまでも自主的に退職するので、今後の転職活動に及ぼす影響が少ないことを説明する。

能力が満たないことを本人が自覚していない場合、「指導をしてくれなかった」「研修システムが整っていない」など、会社の責任を主張する社員がいる。感情的になると話ができなくなるので、あくまでも本人の将来を考えて、退職を勧めていることを説明する。

プライドを傷つけないように、本人の適性や今後の可能性を示唆し、新たな気持ちで頑張ろうとする方向に持っていきたい。離職票に本人のサインが必要になるので、退職勧奨なのか解雇なのかを本人に明確に説明する。能力不足であれば、**自社で求める能力を明確に示し、期間を決めたうえで習得するよう事前に指示し、習得できない場合に解雇もしくは退職勧奨を告げよう。**

通告・勧奨のポイント

- 能力不足を改善するよう、会社として最善の努力をしよう
- できるだけ退職勧奨で対応する
- 解雇、退職勧奨で辞める場合の失業給付金支給時期について説明しよう

性格・行動に問題がある社員への対応

性格や行動に問題がある社員を辞めさせる場合、通告する場所や通告後の業務体制を充分検討して、実行する。性格や行動特性は、なかなか具体的に改める点を指摘できないことが多く、現場からクレームがあっても本人は否定し、感情的になったりする。

精神・身体の異常によって業務に耐えられないという理由で普通解雇を行うことは可能なので、性格や行動が業務に及ぼす影響を明確にしたうえで、本人に説明する必要がある。

ただし、現場からのクレームには注意が必要だ。周囲の社員が一人の社員の性格や行動を批判することがある。「あの人とは一緒に仕事ができない」と現場から声が上がったら、両者の言い分を聞き、公平に判断しなければならない。

事実を適確に判断し、解雇が決定したら、問題社員には静かな場所で解雇通告をする。歴然とした解雇事実を認めようとせず、感情的になり日頃たまっていた不満や会社批判をする社員がいるが、通告者は決して感情的になってはならない。

性格や行動に問題がある社員は、通告後、おかしな行動を取る可能性があるので、解雇予告手当を支給し、処理するようにしたい。**解雇通告は、通告をすればすべてが終わるのではなく、むしろ通告後の本人の行動に注意する必要がある。**

状況によっては、問題社員に対して、通告時に今後おかしな行動を取った場合は、損害賠償や告訴も辞さないことを伝え、会社に被害を与えないよう配慮しておこう。

通告・勧奨のポイント

- 解雇通告後、感情的になる可能性を想定し対応しよう
- 現場スタッフが安心して働けるよう配慮する
- 解雇通告後の本人の行動に注意しておく

休職中の社員への対応

法的には、労働者が業務上負傷し、または疾病にかかり療養のために休職する期間およびその後30日間は解雇できない。だが私的な疾病で休職中の社員が、精神的な疾病などで復帰後も職場復帰が難しいと判断した場合、解雇を行うケースがある。

本来、休職期間中に解雇通告をすることは、本人も落ち込んでいるので、慎重に行わなければならないが、復帰が難しいと判断した時点で、期待感を持たせるのも問題がある。休職期間中に会社の事情を説明し、了解してもらうようにする。

病状が思わしくなく本人と話をするのが難しい場合は、事を急がず時期を待ったほうがいい。一般的には、休職期間中は会社から給与を支給せず、社会保険から傷病手当金が支給され、健康保険と厚生年金の会社負担分と労働保険料が会社負担になるだけだ。**解雇のタイミングは、就業規則で休職期間の**

規定を設けている場合は、就業規則に準じて対応してかまわないが、本人の将来を考えれば、いったん職場に復帰してから退職勧奨を行うと、転職先が見つけやすい。

休職期間中または退職後、最大1年6ヶ月、傷病手当金が支給される。解雇予告手当をすぐに振り込み、退職金支給の手続きを取ることを説明しよう。さらに健康保険についても退職後2年間、保険料は全額自己負担になるが、継続して加入することができる。労災の場合は、1200日分の平均賃金を支払い、打ち切り保証を行うことを告げる。

「あなたの戻る場所はない」という言葉ではなく、「あなたの将来を考えると、新たな職場で能力を発揮したほうがいい」と婉曲に説明するようにしよう。

通告・勧奨のポイント

- 解雇通告時期を急がず、タイミングを検討する
- 社会保険関係の手続きについてきちんと説明する
- 一度職場復帰してから退職勧奨を行うのもひとつの方法

試用期間中に辞めてもらう社員への対応

14日以内の試用期間中であれば会社は即時解雇が可能だが、14日を超えて解雇を行う場合は、就業規則で試用期間を定めていても、一般の解雇と同様に30日以上の予告期間を置くか、または平均賃金30日分の予告手当を支払う必要がある。

14日を超えた試用期間中で、「明日から来なくていい」という場合は、解雇予告手当として30日分の平均賃金を支払うことになる。会社が入社時に求めるスキルや能力を明示し、そのレベルに社員が達していなかった場合は、冒頭のルールに基づき採用取消が認められる。これは、パートタイマーやアルバイトについても同様であり、配属部署責任者に対して周知徹底しよう。

試用期間中であっても、解雇予告手当を支払うことについて納得しない経営者や配属部署責任者がいるが、事前にきちんと説明しておくべきだ。

解雇通告をした人と働くことを嫌がる現場責任者やスタッフは少なくな

い。14日を超えて解雇通告を行う場合は、30日分の予告手当を支払うか、30日分働いてもらうか、現場責任者と共に検討しよう。

試用期間から本採用を行う場合の規定が曖昧な会社が多いので、具体的な能力などについて事前に取り決めをしておこう。会社は、試用期間中で辞めてもらう場合でも、採用経費、人件費の損失が発生することを理解し、育てるための研修制度を構築し、解雇を実施しない人事制度を確立しよう。

通告・勧奨のポイント

- 「試用期間だから」で即時解雇できるのは14日以内
- 試用期間が14日を超えた解雇は、通常の解雇と同様の取り扱いになる
- パートタイマーやアルバイトの試用期間も同様の取り扱いになる

副業を行っている社員への対応

インターネットや土日を使って副業を行う社員がいる。副業を禁止していながら、平然と一部の社員が副業を行っているようでは、副業を行っていない社員のモチベーションが下がり、会社に悪影響を及ぼす。副業を行う時間的余裕があるならば、自社における活用方法を検討し、自社でモチベーションを高め実績を上げるよう、業務内容について見直すことも検討しよう。

就業規則に副業を禁止する内容が記載されていることが前提になるが、記載されていても、業務に支障をきたすような副業でない場合、解雇権の濫用として認められないケースがある。

就業規則に記載されていて、本人が解雇通告を素直に受け入れれば問題ないが、今後副業を行わないと本人が申し出て、解雇しないよう要望されることが多い。こんなときは、副業が業務に支障をきたしていないのであれば、副業を行わないことを書面で書かせて解雇しない選択肢もある。しかし、遅刻が多い、無断欠勤をするなど、業務に支障を与えている場合は、速やかに解雇するべきだ。

副業を行っていることで解雇する場合は、勤務態度、出勤状況などを具体的にしたうえで、業務に支障を与えていることを本人に告げる必要がある。

副業を行っているという噂だけでは解雇はできないので、事実を適確につかんだうえで、対応する必要がある。

通告・勧奨のポイント

- 就業規則に副業禁止が記載されている
- 副業を行うことで業務に支障が出ていることが前提
- できるだけ業務に支障が出ている具体的なデータを集める

解雇する社員に「訴えてやる」と言われたら

解雇を通告されればプライドが傷つき、つい感情的になる。最近は、インターネットや新聞などで、労働者の保護に関する知識を得るのも簡単であり、労働基準監督署などに訴えると主張する社員は少なからずいる。法律に準じて通告を行っていれば、訴えると言われても動揺することはないが、不当解雇とあっせん制度について確認をしておく必要がある。

【不当解雇】

(1)国籍、信条、社会的身分を理由とした解雇
(2)使用者の労働基準法違反を労働基準監督官に申告したことによる解雇
(3)女性であること、産前産後の休業を取得したことを理由とした解雇
(4)育児・介護休業を申し出、取得したことを理由とする解雇
(5)正当な労働組合運動をしていたことを理由とする解雇

(6)前記以外の解雇で客観的に見て合理性が認められない理由による解雇

【あっせん制度】

会社と解雇された社員の間に学識経験者である第三者が入り、双方の主張の要点を確認し、両者が取るべき具体的なあっせん案を提示するなど、紛争当事者間の調整を行い、話し合いを促進することにより、紛争の円満な解決を図る制度である。

本人が異議を労働基準監督署に申し立て、都道府県労働局長が紛争調整委員会へあっせんを委任し、紛争調整委員会によるあっせんが行われる。その際本人の能力に問題があり、配置転換を行ったが改善されなかったなど、会社側の具体的な解雇回避努力を示すことが重要になる。

COLUMN

真面目な人にも気を配れ！

ある会社の人事部長だったときの話だ。非常に真面目で、言われたことをきちんと行う社員から、「労働基準監督署に訴えます！」と突然言われたことがある。非常に忙しい部署に配属し、残業時間が多いことは把握していたが、本人が黙々と文句も言わずに仕事をしているので「問題ないだろう」という私にも甘い考えがあったのだ。

厳しい労働環境で働く社員は、精神的、肉体的にもいつか限界を超える。その限界を超えたときには、もう取り返しがつかない。相手が何も言わないからといって、相手が今の状況に満足しているとは限らない。人事は、常に状況を監視していなければならない。

結局、労働基準監督署の調査が入り、社会保険労務士、弁護士に相談したうえで労働環境を改善したことはプラスだったが、訴えた真面目な社員が退職してしまったことは、今でも悔やまれる。

付録

付録1 「できない人」を「できる人」に育てる技術チェックリスト

■モチベーション

自社における人材開発の課題と方法を把握しているか	YES	NO
社員にミッション(使命)を明確に示しているか	YES	NO
聴く技術と聴いたことへの返事、反応を行っているか	YES	NO
労働条件、待遇面を明確にしているか	YES	NO
新入社員の受け入れ体制として、歓迎する姿勢を示しているか	YES	NO
新入社員の初日、1週間、1ヶ月、3ヶ月フォローを実行しているか	YES	NO
ブラザー、シスター制度が確立されているか	YES	NO
社員に感謝するイベントを行っているか	YES	NO
全社員に共通した行動理念があるか	YES	NO
社員のキャリアプランを提示しているか	YES	NO
褒める、叱ることができる「上司」がいるか	YES	NO
失敗を次につなげる社内風土があるか	YES	NO
社員の適性を踏まえた人事異動が行われているか	YES	NO
社員に同僚や同年代とのコミュニケーションの場を与えているか	YES	NO

■スキルアップ

社員の職務能力をキャリアシートで把握しているか	YES	NO
職務分析を行い、適性職務を把握しているか	YES	NO
スキルアップできる制度が確立しているか	YES	NO
プレゼンテーション能力を高める社内風土があるか	YES	NO
社内研修制度が確立されているか	YES	NO
O.J.T.制度の目的を理解し、即戦力化できる仕組みが確立されているか	YES	NO
自己啓発を促す人事考課システムが確立されているか	YES	NO
社内表彰制度、昇級試験制度が確立されているか	YES	NO
資格推奨制度、等級制度等が給与制度とリンクしているか	YES	NO
専門分野の提案制度が構築されているか	YES	NO
仕事のやり方、経験をデータベース化し、社員が情報を共有しているか	YES	NO
計(25問中)	(　　)	(　　)

付録2 「できる人」を育てる「上司」に求められる能力チェック表

■基本素養

コミュニケーション能力	ある	ない
リーダーシップ	ある	ない
計画・改善能力	ある	ない
判断力	ある	ない
決断力	ある	ない
責任感	ある	ない
予見能力	ある	ない
自己啓発力	ある	ない
目標達成能力	ある	ない
順応性	ある	ない

■実務能力

業務コントロール能力	ある	ない
専門的な知識・経験	ある	ない
社内情報収集能力	ある	ない
リスク改善能力	ある	ない
権限を部下に委譲する能力	ある	ない
ストレスに耐える能力	ある	ない
文章作成能力	ある	ない
計数管理能力	ある	ない
プレゼンテーション能力	ある	ない
ビジネスマナー指導能力	ある	ない
社内、社外折衝能力	ある	ない
プランニング能力	ある	ない
対外的人脈	ある	ない

計（23問中）（　　）（　　）

付録3 「できない人」を見抜け！「志向・行動特性検査シート」

「できない人」に悩まされない究極の方法は、「できない人」を採らないことに尽きる。最近では、履歴書や職務経歴書の書き方や面接のテクニックなど、応募者の「ボロが出ない」ための情報が氾濫していて、応募書類や短時間での面接で、応募者の考え方をうかがい知ることが難しくなってきている。

本書では少しでも応募者が「できる人」か「できない人」かを判断するためのツールとして「志向・行動特性検査シート」を用意した。面接の前などに70問の設問（232～235ページ）に答えてもらい、それをエクセルのシートに入力するだけで、応募者の志向と行動特性の分析が行える。

左ページが、70問のデータを入力して得られた検査結果である。本フォームでは、判定は大きく、「個人の志向特性」と「組織における行動特性」に分かれ、前者が7項目、後者が6項目の分析が行われる。その結果は、「個人の志向特性」と「組織における行動特性」別にレーダーチャートで表示されるので、応募者の志向特性と行動特性のバランスも一目でわかるようになっている。

「志向・行動特性検査シート」の入手方法については、236ページを参照して欲しい。使い方の詳細については、ダウンロードしたファイルに同梱のマニュアルファイルを参照のこと。

◉志向・行動特性検査シート（判定結果）

検査結果(中途採用)

検査日	2008/10/6

氏名

ヤマダ	イチロウ	年齢	性別
山田	一郎	28	男

回答信頼度	コメント
40%～60%	やや曖昧な回答があります。

総合コメント

コメント
検査上では、志向・行動特性が見られません。

個人の志向特性

レーダー

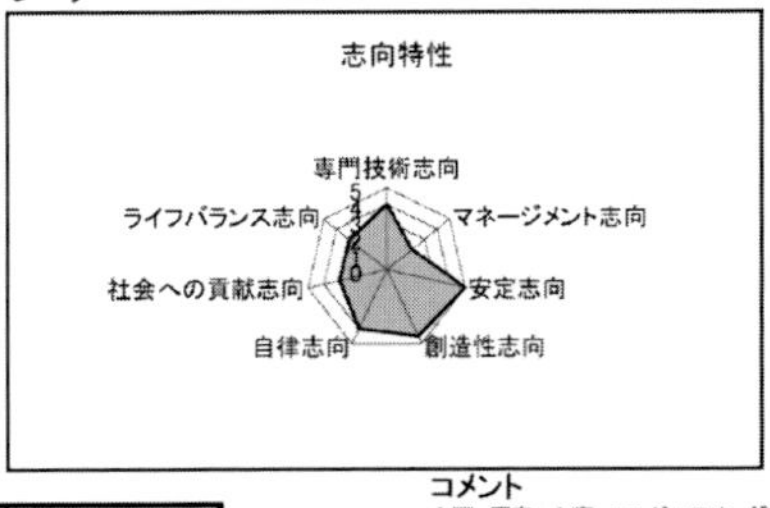

志向特性	専門技術志向	4	／5
	マネージメント志向	2	／5
	安定志向	5	／5
	創造性志向	4.5	／5
	自律志向	4	／5
	社会への貢献志向	3	／5
	ライフバランス志向	3	／5

コメント

企画、販売、人事、エンジニアリングなど特定の分野で能力を発揮することに幸せを感じ、専門分野を極めていきたい志向が高いようです。

仕事の満足感、雇用保障、年金、退職手当など経済的安定を得ること、1つの組織に勤務し、組織への忠誠や献身などが見られる安定志向が高く、安定した生活を希望しています。

新しいものを創り出すこと、障害を乗り越える能力と意気込み、リスクを恐れず何かを達成すること、達成したものが自分の努力によるものだという欲求が強くリスクを恐れず立ち向かうタイプのようです。

組織のルールや規則に縛られず、仕事のペースを自分の裁量で決めることを望み、自分のやり方で仕事を進めていく傾向があります。

組織における行動特性

レーダー

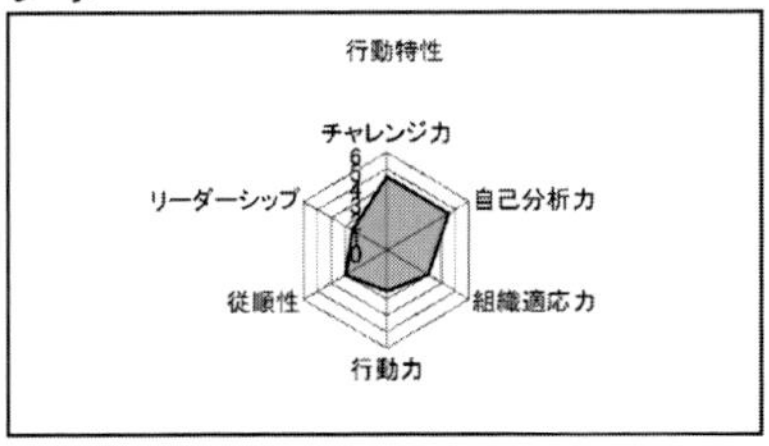

行動特性	チャレンジ力	4.5	／5
	自己分析力	4.5	／6
	組織適応力	3	／6
	行動力	2.5	／6
	従順性	3	／6
	リーダーシップ	2.5	／6

コメント

解決困難に見える問題の解決や手ごわい相手に打ち勝とうとする、知力、人との競争にやりがいを感じる傾向があります。

自分自身をきちんと見つめており、今後の方向性を見出しています。本人が目指す方向と業務が合致すれば、強い意志で仕事をおこなっていくものと予測できます。

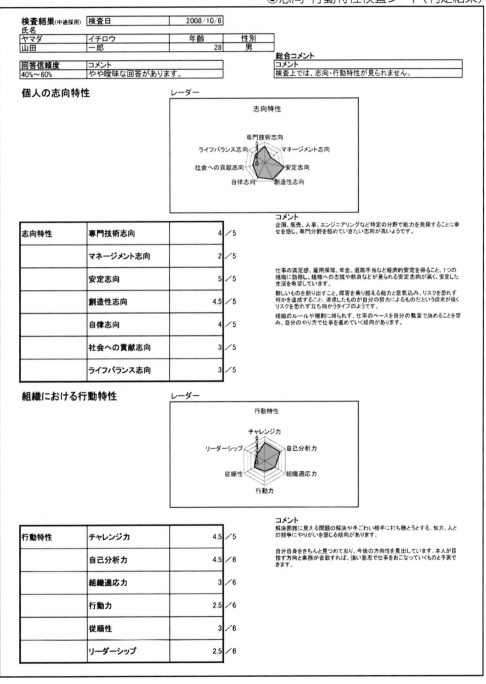

◉志向·行動特性検査 記入表1

No.	設問	1.はい	2.どちらとも言えない	3.いいえ
1	スペシャリストとしての能力以上に総合的な能力が大切だと思う	●	●	●
2	複数の意見をまとめるのは得意なほうだ	●	●	●
3	雇用保障、年金、退職金は大切だ	●	●	●
4	経済的安定はやりがい以上に仕事をするうえで大切だ	●	●	●
5	既存のシステムを有効に活用する仕事をしたい	●	●	●
6	共同作業より、自分ひとりで打ち込める仕事がしたい	●	●	●
7	自分の達成感よりも第三者に喜ばれる仕事がしたい	●	●	●
8	仕事のほかに家族との時間や自分の時間も大切だ	●	●	●
9	困難や手ごわい相手には立ち向かうほうだ	●	●	●
10	仕事をするうえで強みがある	●	●	●
11	どちらかといえば短気なほうだ	●	●	●
12	既存のやり方にこだわらず、新しいやり方を取り入れるほうだ	●	●	●
13	人に教えるより教えられることが多い	●	●	●
14	困っている人がいると黙って見過ごせない	●	●	●
15	新人スタッフに教えることが好きだ	●	●	●
16	専門分野で自分の力を活かしていきたい	●	●	●
17	人間関係でよく悩むほうだ	●	●	●
18	満足のできる仕事を長く続けたい	●	●	●
19	目的を達成するためには障害を乗り越えていく力と意気込みが大切だ	●	●	●
20	時間に縛られず、自分のペースでできる仕事がしたい	●	●	●

◉志向·行動特性検査 記入表2

No.	設問	1.はい	2.どちらとも言えない	3.いいえ
21	先生と呼ばれるような尊敬される仕事がしたい	●	●	●
22	仕事のために家族との時間が減るのはやむを得ないことだ	●	●	●
23	人との競争は好まない	●	●	●
24	苦手なタイプの人がいる	●	●	●
25	自分の考えを通さず周囲の意見に従うことが多い	●	●	●
26	新商品、新しい店舗は、自分の目で確かめる	●	●	●
27	冒険はあまり好きではない	●	●	●
28	どちらかと言えば楽天的な性格だ	●	●	●
29	一つのものごとにこだわりすぎず柔軟に対応する	●	●	●
30	集団行動でリーダーシップを取るのは苦にならない	●	●	●
31	安定した一つの企業に勤めあげたい	●	●	●
32	業務を達成するために生じるリスクはやむをえない	●	●	●
33	自分の裁量で進められる仕事がしたい	●	●	●
34	暮らしやすい社会の実現に力を発揮していきたい	●	●	●
35	仕事のために自分の時間が減るのは嫌だ	●	●	●
36	新しいものごとに取り組むことが好きだ	●	●	●
37	完璧な人間で常に落ち度はない	●	●	●
38	不愉快なことがあると顔に出るほうだ	●	●	●
39	休みの日は、ひとりでゆっくりしていることが多い	●	●	●
40	通学(通勤)経路でよく寄り道することがある	●	●	●

◉志向・行動特性検査 記入表3

No.	設問	1.はい	2.どちらとも言えない	3.いいえ
41	大勢のなかにいるより、少数でいたい	●	●	●
42	専門分野を極めることに喜びを感じる	●	●	●
43	組織の期待に応えることは大切なことだ	●	●	●
44	組織への忠誠や献身はあまり大切だとは思わない	●	●	●
45	新しいものを創り出す創造的な仕事がしたい	●	●	●
46	決められた手順がある業務よりも自分のやり方で進められる仕事がしたい	●	●	●
47	困っている人がいたら助けてあげたい	●	●	●
48	自分の時間、家族との時間、仕事の時間はバランスが大切だ	●	●	●
49	難しいと感じるものごとは避けるほうだ	●	●	●
50	自分のできること、できないことをおおよそ把握している	●	●	●
51	小人数でいるより多くの人のなかにいることが多い	●	●	●
52	嫌なことがあっても気分転換する方法がある	●	●	●
53	頼んだことをすぐにやってくれないと自分でやってしまう	●	●	●
54	気に入ったものは、衝動的に購入することが多い	●	●	●
55	人から指示・命令されることを苦と思わない	●	●	●
56	友人同士の集まりでは、まとめ役になることが多い	●	●	●
57	仕事をするなら専門的な分野で働きたい	●	●	●
58	将来、権限を行使できるような立場につきたい	●	●	●
59	目的を達成するためには、リスクがある	●	●	●
60	業務を進める上でルールや規則は大切だ	●	●	●

◉志向･行動特性検査 記入表4

No.	設問	1.はい	2.どちらとも言えない	3.いいえ
61	ボランティアには、興味がない	●	●	●
62	自分のライフワークを常に考えている	●	●	●
63	状況の変化に、迅速に対応できる	●	●	●
64	3 年後の自分の姿をイメージしている	●	●	●
65	年代を問わず相手のことを理解できるほうだと思う	●	●	●
66	言われる前に実行するタイプだと思う	●	●	●
67	尊敬する上司(先輩)がいる	●	●	●
68	悩みをよく人に相談するほうだ	●	●	●
69	失敗をリカバリーした経験を次に活かすほうだ	●	●	●
70	グループでは目立つ存在だと思う	●	●	●

お疲れ様でした。適性検査はこれで終了です。

志向・行動特性検査シートのダウンロードについて

「志向・行動特性検査シート」ファイルは、C&R研究所のホームページの「データ館」というページからダウンロードすることができます。ダウンロードは次のような手順で行います。なお、ダウンロードを行う際には、左ページに記載してあるユーザー名とパスワードが必要になります。

■C&R研究所のホームページ■

URL http://www.c-r.com

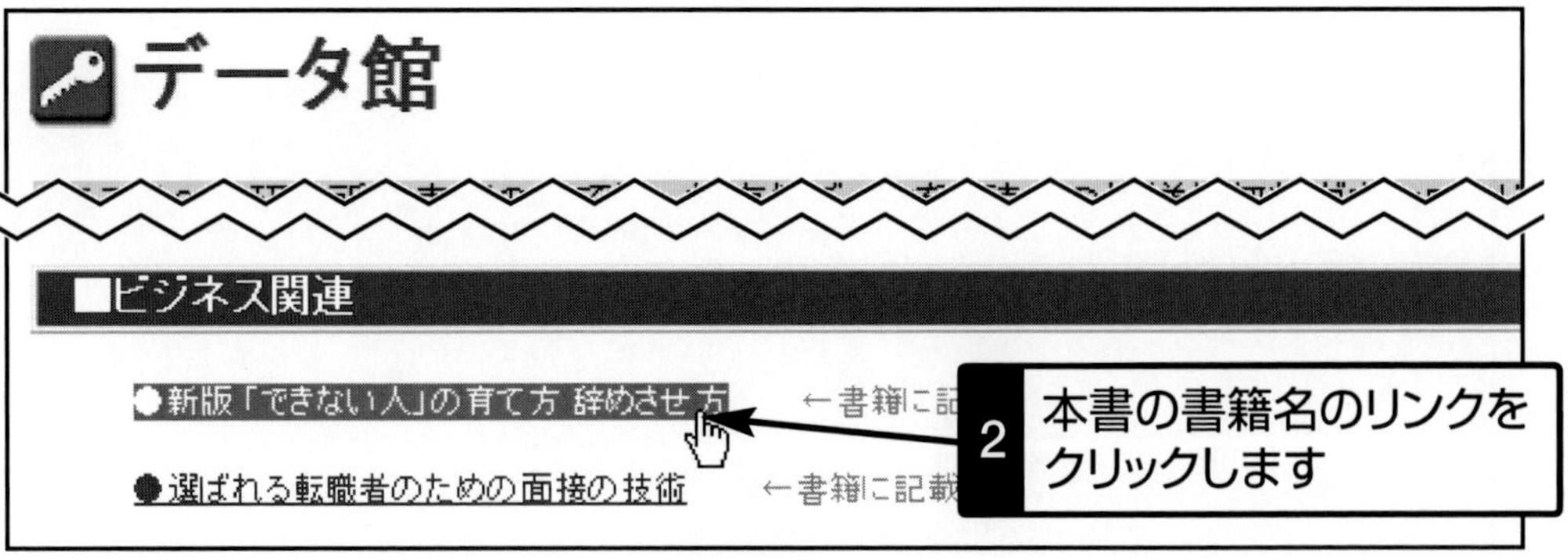

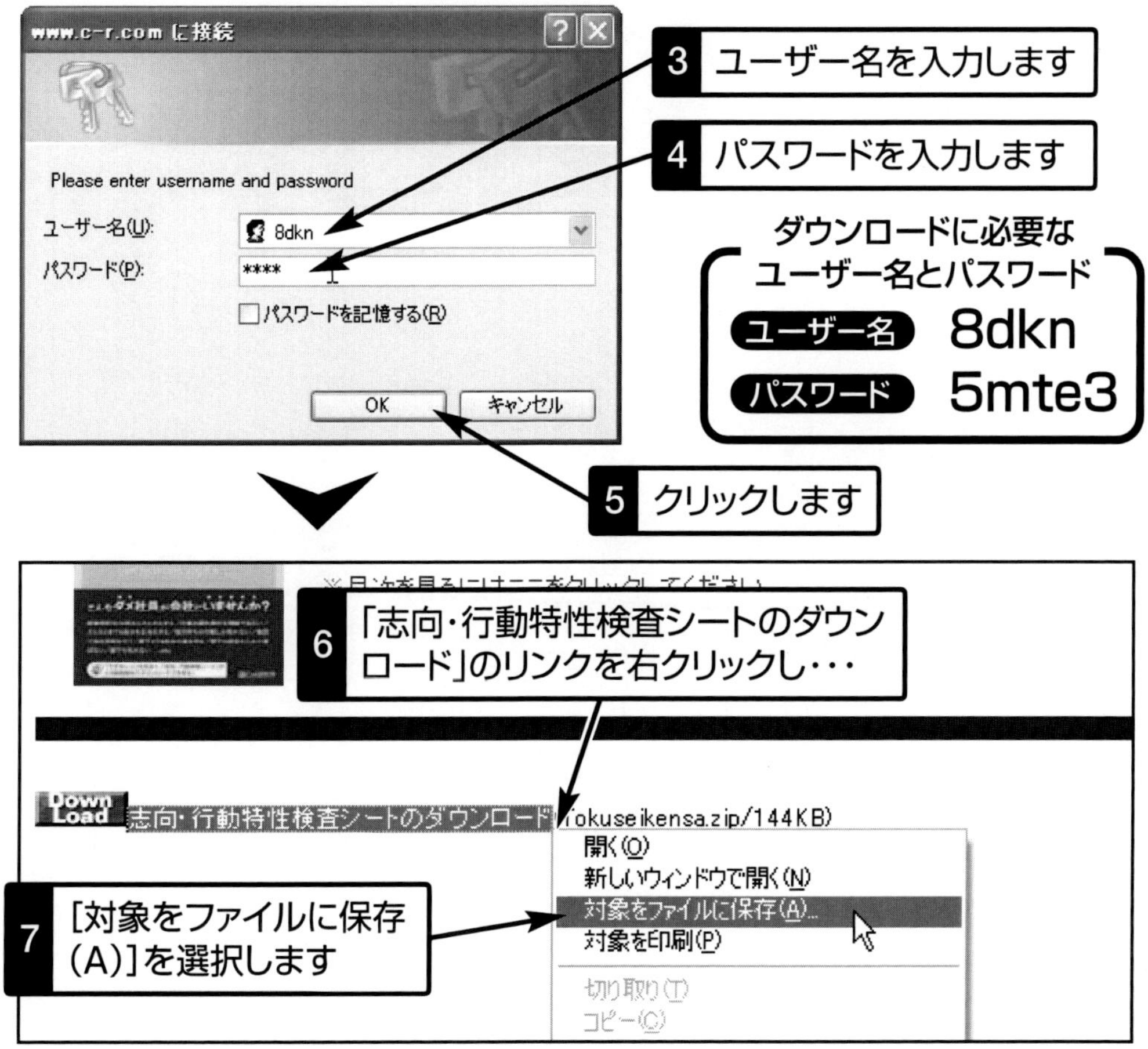

※この後、「名前を付けて保存」ダイアログボックスが表示されるので、保存先を選択して[保存(S)]ボタンをクリックすると、ダウンロードが開始されます。

ダウンロードしたファイルは、ZIP形式で圧縮されています。解凍を行ってからご利用ください。ファイルを解凍すると、「Tokuseikensa」というフォルダが作成されます。このフォルダの中には、「志向・行動特性検査.xls」「志向・行動特性検査_記入用紙.doc」「志向・行動特性検査_使用説明.doc」の3つのファイルが入っています。これらのファイルの詳しい使い方は「志向・行動特性検査_使用説明.doc」を参照してください。

おわりに

「できる人」は、最初から「できる人」ではない。「できる人」は、会社のなかで多くのチャンスをつかみ、ステップアップしていく人だ。

「できる人」を多く抱えた会社は、社員のモチベーションが高く、明らかに伸びる。社員の挨拶、笑顔が違う。笑顔が素敵な社員は、自社で仕事ができることに誇りを持ち、将来像を描いている社員だ。

仕事を「やらされている」と苦痛に感じながら行っていては、「できる人」にはなれない。「できる人」は目の前のハードルが苦痛ではなく、楽しみとして乗り越えていく。つまり会社は、社員にどれだけ仕事の楽しみと喜びを提供できるかで、優劣が明確になるのだ。

会社の方向性、経営者、上司のあり方、社員のモチベーションを高める仕掛け、研修システム、報酬、職場環境などの企業体質が社員と合わなければ社員は汗水流して働こうとは思わない。

本書では、現場の経験から会社における「できる人」の育て方について書かせていただいた。そして残念ながら、どうしても自社で「できる人」になれない人材の解雇方法もあえて記載した。

人材を財産にするためには、経営者、人事が中心となり、社員の仕事への思い、会社への思いを膨らませるための仕掛けが必要になる。しかし机上で描いたシステムだけでは人は育てられない。モチベーションを高めるための制度、スキルを高める研修などの構築と共に、上司が真剣に部下を育てたいと考える愛情が何よりも重要だ。上司のあり方で部下は大きく変貌する。

あなたの会社で働く社員は、何かの縁で共に働くことになった仲間だ。社員が「できる人」を目指し頑張ることで、強い組織になる。

本書を読まれた方が、会社における「人」の大切さを改めて認識し、モチベーションを高める手法、スキルを高める手法、上司のあり方を実践していただければ幸いだ。

最後になるが、本書を執筆するに当たり、C&R研究所 三浦 聡氏に並々ならぬご尽力をいただいた。書面をもって感謝の気持ちをお伝えできればと思う。

谷所 健一郎

■著者紹介

谷所《やどころ》　健一郎《けんいちろう》　有限会社キャリアドメイン代表取締役　http://cdomain.jp
日本キャリア開発協会会員
キャリア・デベロップメント・アドバイザー（CDA）

東京大学教育学部付属高校在学中にニューヨーク州立高校へ留学。武蔵大学経済学部卒業後、株式会社ヤナセに入社。その後、株式会社ソシエワールド、大忠食品株式会社で、新卒・中途採用業務に携わる。1万人以上の面接を行い人材開発プログラムや業績評価制度を構築する。株式会社綱八で人事部長を務めたのち独立。1万人以上の面接と人事に携わってきた現場の経験から、人事コンサルティング、執筆、講演、就職・転職支援を行う。ヤドケン就職・転職道場、ジャパンヨガアカデミー相模大野、キャリアドメインマリッジを経営。

主な著書
『選ばれる転職者のための面接の技術』(C&R研究所)
『選ばれる転職者のための職務経歴書&履歴書の書き方』(C&R研究所)
『人事のトラブル防ぎ方・対応の仕方』(C&R研究所)
『できる人を見抜く面接官の技術』(C&R研究所)
『新版「できない人」の育て方辞めさせ方』(C&R研究所)
『「履歴書のウソ」の見抜き方調べ方』(C&R研究所)
『再就職できない中高年にならないための本』(C&R研究所)
『即戦力になる人材を見抜くポイント86』(創元社)
『はじめての転職ガイド必ず成功する転職』(マイナビ)
『「できる人」「できない人」を1分で見抜く77の法則』(フォレスト出版)
『良い人材を見抜く採用面接ポイント』(経営書院) 他多数

編集担当：西方洋一

目にやさしい大活字
新版「できない人」の育て方 辞めさせ方

2016年2月1日　　初版発行

著　者　谷所健一郎
発行者　池田武人
発行所　株式会社　シーアンドアール研究所
本　社　新潟県新潟市北区西名目所4083-6(〒950-3122)
電話　025-259-4293　FAX　025-258-2801

ISBN978-4-86354-777-3　C0036